Становление миссионерки

Становление миссионерки

Русская версия

Лорин Иттерманн

Originally published in English under the title: The Making of a Missionary
Copyright © 2023 by Loreen Ittermann. All rights reserved.

Иттерманн, Лорин
Становление миссионерки

Охраняется законодательством об авторском праве. Никакая часть этой книги не может копироваться и публиковаться никакими средствами: печатными, фотографическими, электронными, звукозаписывающими и пр. без предварительного письменного разрешения владельца авторских прав.

Цитаты из Библии переведены в Синодальном переводе.
Мнения высказанные автором принадлежат Лорин Иттерман.

Published by The Fiery Sword Publications, Lexington, SC, United States of America

ISBN: 978-1-952668-48-7 (softcover)
ISBN: 978-1-952668-49-4 (hardcover)

- Books › Biographies & Memoirs › Memoirs
- Books › Religion & Spirituality › Worship & Devotion › Inspirational
- Books › Religion & Spirituality › Worship & Devotion › Faith

СОДЕРЖАНИЕ

БЛагодарность xi
БЛагословение Отца xiii

ЧАСТЬ ПЕРВАЯ: ШКОЛЬНАЯ УЧИТЕЛЬНИЦА, США 1

История Первая: Яна Не Забыла Меня 3
История Вторая: Урок Для Учителя 7
История Третья: Исключительная Память Джуди 11
История Четвертая: От Басни К Истине 15
История Пятая: Иегова Ире 19

ЧАСТЬ ВТОРАЯ: ДОКТОРАТ, США 23

История Шестая: Мне Никогда Этого Не Позволят 25
История Седьмая: Остановитесь Или Мы Все Падем Замертво ... 29
История Восьмая: Сначала Шесть, Потом Тысячи 33
История Девятая: Срочное Поручение 37
История Десятая: Земля, Где Течет Молоко И Мед 41
История Одиннадцатая: Испытание Веры 43

ЧАСТЬ ТРЕТЬЯ: ДИРЕКТОР ШКОЛЫ, США 47

История Двенадцатая: Господи, Спасен Ли Джеки Глисон[1]? ... 49
История Тринадцатая: Что Меня Ждет? 53
История Четырнадцатая: Жертва, Не Взятая Даром 55
История Пятнадцатая: И Не Было Дождя 59

СОДЕРЖАНИЕ

ЧАСТЬ ЧЕТВЕРТАЯ: ПРОФЕССОР УНИВЕРСИТЕТА, США 63

История Шестнадцатая: Книга Жизни Агнца 65
История Семнадцатая: Бремя Одаренных 69
История Восемнадцатая: Гестапо, Кости И Православный Священник 73
История Девятнадцатая: Пути Господни Неисповедимы 77
История Двадцатая: Божьи Мелочи 81

ЧАСТЬ ПЯТАЯ: МОЛДОВА, УКРАИНА, РУМЫНИЯ, РОССИЯ 85

История Двадцать Первая: Все От Него, Им И К Нему 87
История Двадцать Вторая: Сникерс В Снежный День 91
История Двадцать Третья: Враги Побеждены 95
История Двадцать Четвертая: Брауни И Черничные Кексы ... 99
История Двадцать Пятая: Терпение Торжествует 103
История Двадцать Шестая: Сон Инны 107
История Двадцать Седьмая: Соседи Кришнаиты 111
История Двадцать Восьмая: Мешок Картофеля 115
История Двадцать Девятая: Кто Из Вас Больший? 119
История Тридцатая: День Святого Валентина У Бабушки Лорин 123
История Тридцать Первая: От Поп Звезды До Сироты 125
История Тридцать Вторая: Все Началось Когда… 127
История Тридцать Третья: Спасенные Из Праха 131
История Тридцать Четвертая: Молитва Симоны 133
История Тридцать Пятая: Тайное Желание Флорики 135
История Тридцать Шестая: Миссия Морган 137
История Тридцать Седьмая: Уникальное Исцеление............ 139
История Тридцать Восьмая: Мы Можем Доверять Ему Всецело 141
История Тридцать Девятая: Служение У Мусорного Бака 143
История Сороковая: Чух-Чух, Чух-Чух… 145
История Сорок Первая: Замороженная Индейка 149
История Сорок Вторая: Дождь Повсюду, Кроме… 151

История Сорок Третья: Подумайте О Птицах Небесных 155
История Сорок Четвертая: Он Сделал Это........................... 159
История Сорок Пятая: Сломанный Ключ 163
История Сорок Шестая: Красная Пижама 167
История Сорок Седьмая: Ты Не Узнаешь Меня?................. 171
История Сорок Восьмая: Пасха В Молдове......................... 175
История Сорок Девятая: Кукла Из Свернутого Ковра......... 179
История Пятидесятая: Званных Много, Но Мало
    Избранных…….. 183
История Пятьдесят Первая: Жертва Виктора 187
История Пятьдесят Вторая: Конец Не Известен… Пока 191
История Пятьдесят Третья: Забота Бога О Гале 193
История Пятьдесят Четвертая: О, Как Же Я Хочу…........... 195
История Пятьдесят Пятая: Детская Вера............................. 197
История Пятьдесят Шестая: Вера Коли Вознаграждена 199
История Пятьдесят Седьмая: Оля, Труженик На Ниве Божьей...... 203
История Пятьдесят Восьмая: Кэти Бэт Спасает Положение 207
История Пятьдесят Девятая: В Поисках Перчаток 211
История Шестидесятая: Бабушка Д. 213
История Шестьдесят Первая: Идеальный Подарок 215
История Шестьдесят Вторая: Красный Занавес 219
История Шестьдесят Третья: Водяная Бомба[2] И Кусок
    Бетона... 221
История Шестьдесят Четвертая: История Сережи 223
История Шестьдесят Пятая: Возвращение Даника 227
История Шестьдесят Шестая: Выбор Аллы 231
История Шестьдесят Седьмая: Празднование Помолвки.... 235
История Шестьдесят Восьмая: Испуганные Пограничники 237
История Шестьдесят Девятая: Папа Умер, Исполненный
    Надеждой 241
История Семидесятая: Жертва Петра 245
История Семьдесят Первая: Открывалка............................. 249
История Семьдесят Вторая: Мама Люба -Бывшая
    Коммунистка 253
История Семьдесят Третья: История Наташи 257

СОДЕРЖАНИЕ

История Семьдесят Четвертая: Мои Питомцы 261
История Семьдесят Пятая: Наставничество............................265
История Семьдесят Шестая: Взрывоопасные Письма,
                Наблюдения И "Макдональдс" 269
История Семьдесят Седьмая: Все Не Так, Как Кажется На
                Первый Взгляд...............................273
История Семьдесят Восьмая: "Валентинка" От Господа...........277
История Семьдесят Девятая: Букет Тюльпанов 281
История Восьмидесятая: Дорожите Временем 285
История Восемьдесят Первая: Хороший Отчет.........................289
История Восемьдесят Вторая: Желание Эммы.........................291
История Восемьдесят Третья: История От Читателя.................295
История Восемьдесят Четвертая: Песнь Хвалы На
                Операционном Столе 297
История Восемьдесят Пятая: Корсет Для Нади 301
История Восемьдесят Шестая: Иисус Так Сильно Любит
                Меня 305
История Восемьдесят Седьмая: Щедрость Лили 309
История Восемьдесят Восьмая: Поношение, Радость,
                Вознаграждение 311
История Восемьдесят Девятая: Обязательства Инны.................315
История Девяностая: "Плохие" Парни.......................................319
История Девяносто Первая: Мужество Елены..........................323
История Девяносто Вторая: Сломанный Локоть 327
История Девяносто Третья: Улыбка Прекрасной Невесты........329
История Девяносто Четвертая: Выборы Приближаются...........333
История Девяносто Пятая: Сокровища Григория 335
История Девяносто Шестая: Родительский День 337
История Девяносто Седьмая: Операция Галины 341
История Девяносто Восьмая: Я Хочу Попасть В Ад 343
История Девяносто Девятая: Скала Избавления 345
История Сотая: Четырехлетний Миссионер.............................349
История Сто Первая: Сейчас Или Никогда..............................353
Биография Автора...357

Команде служителей, верно несущих свое служение Христу в странах бывшего СССР, там, куда призывал вас Господь.

БЛАГОДАРНОСТЬ

Моей коллеге, профессору университета, Джесси Сэндберг, которая незадолго до своей смерти настояла на том, чтобы я написала эту книгу.

Моему издателю и редактору Алексису В. Вольфу, который неустанно вдохновлял меня на протяжении всего написания этой книги.

Беннету Шиллеру, который помог мне найти подходящего издателя и редактора.

Пастору Ральфу Шнеку из Первой Баптистской Церкви в Лексингтоне. Спасибо Вам за то, что были первой церковью, оказавшей мне финансовую и молитвенную поддержку, за Вашу верность на протяжении тридцати лет.

БЛАГОСЛОВЕНИЕ ОТЦА

Лавровое дерево растет и благоухает при потоках вод под присмотром Создателя.
Как твой отец, я благодарен Богу за тебя.
Подобно лавровому дереву ты являешься благословением для окружающих тебя, поддерживая их как физически, так и духовно.
Твое служение, подобно лавровому листу, несет духовное исцеление, побуждая других к служению Богу и ближним.
Бог венчает тебя и твоих соработников лавровым венцом за вашу преданность в деле распространения Евангелия.
Бог щедро воздаст вам за вашу преданность, посвящение и стойкость в вере.
Этот забег во Славу Христа несравненно лучше любого греческого марафона.
Доктор Артур Иттерманн

Лорин Иттерманн с отцом Артуром Иттерманн
(на фото отцу 103 года)

ЧАСТЬ ПЕРВАЯ

ШКОЛЬНАЯ УЧИТЕЛЬНИЦА, США

ИСТОРИЯ ПЕРВАЯ

ЯНА НЕ ЗАБЫЛА МЕНЯ

"Для всех я сделался всем, чтобы спасти по крайней мере некоторых. Сие же делаю для Евангелия, чтобы быть соучастником его (1 Коринфянам 9:22б-23).

Много лет прошло с тех пор, как я последний раз видела Яну. Когда-то она была одной из моих любимых учениц четвертого класса. Яна была симпатичной, умной и серьезной девочкой с восхитительным характером. Она росла в любящей семье, чувствуя себя счастливой, наслаждалась жизнью.

"*Яна, ты помнишь меня?*" - взволнованно спросила я, встретившись с воспитанницей, которая теперь была замужем и работала в известной христианской организации. "*Я преподавала тебе, когда ты была в четвертом классе.*" "*О, да,* - ответила Яна, - *как же я могла вас забыть? Вы та самая учительница, которая играла с нашим классом в софтбол на переменах. Я вас никогда не забуду!*"

Я была очень рада, что моя ученица вспомнила меня, но была несколько удивлена тем, что Яна помнила только то, что мы делали на переменах. Яна не помнила, да и она и не могла знать в свои девять лет, сколько часов я тратила на подготовку уроков для тридцати четырех учеников третьего и четвертого классов, учащихся под моим классным руководством. Яна и представить себе не могла, сколько письменных работ нужно было проверять ежедневно, сколько делать заметок, скольких родителей обзвонить, сколько табелей заполнить после многочасового подсчета оценок за семестр, сколько провести родительских собраний. Список обязанностей учителя можно продолжить – решение вопросов дисциплины с непослушными учениками, внеклассные мероприятия, которые нужно было организовать и качественно представить публике. По прошествии стольких лет Яна вспоминал обо мне только одно: *"Эта учительница играла с нами в софтбол!."*

Думая об этом, я вспомнила свое детство. Мой отец, будучи пастором, сильно переживал за человека, который не хотел принимать Христа как своего Спасителя. Он не хотел даже слышать о Христе. Его сердце было весьма черствым и ожесточенным, несмотря на многочисленные беседы со служителями, приходившими поговорить с ним по настоятельным просьбам его жены, молящейся о нем неустанно.

"Господин Крюгар, - окликнул его пастор, подходя к курятнику, где фермер ухаживал за своими цыплятами, - *как поживаете?" "Занят своими курами",* - пробормотал фермер, который, похоже, был не рад видеть проповедника на своей ферме. *"Мне весьма нужен совет по разведению кур",* - сказал пастор. Мистер Крюгар с воодушевлением начал объяснять пастору все об обязанностях и выгодах бизнеса по разведению кур. Довольно скоро пастор, он же мой отец, подружился с фермером, и мистер Крюгар был готов слушать Евангелие. В тот день пастор с радостью покинул ферму, зная, что еще одна душа обратилась ко Христу.

"Да, это действительно так, - размышляла я, - *мы должны войти в мир тех людей, на которых хотим повлиять. Альтернативы нет. Разве Христос не оставил славу неба, чтобы прийти в этот мир ради спасения людей? Это Божий метод достижения людей для Христа, важный урок, который необходимо усвоить. Нельзя стоять вдалеке и*

"бросать кому-то Евангелие." Истина должна коснуться сердца, и Павел хорошо объяснил нам, как именно это делать: *"Для всех я сделался всем, чтобы спасти по крайней мере некоторых."*

В тот день, встретив свою бывшую ученицу, я усвоила еще один ценный урок. Пусть Дух Святой ведет и направляет нас, распространяющих Благую Весть о Том, Кто пришел в этот мир, дав нам особую привилегию стать частью Его мира.

И С Т О Р И Я   В Т О Р А Я

УРОК ДЛЯ УЧИТЕЛЯ

"Научи меня, Господи, пути Твоему и наставь меня на стезю правды…(Псалом 26:11а)."

Во время библейского урока я попросила учеников пятого класса поделиться молитвенными нуждами. Это была христианская школа, и многие ученики были детьми, студентов библейского колледжа, готовящихся к полновременному служению, планирующих отправиться на миссию. Финансы многих семей были весьма ограничены, но Бог был верен, заботясь об этих семьях. Много ценных уроков, получали для себя те, кто готовился всецело посвятить свою жизнь служению Богу.

Я не удивилась, когда в ответ на мой вопрос: *"У кого из вас есть молитвенные нужды?"* - Кэти сразу же подняла руку. *"Да, Кэти, - обрадовалась я, - о чем бы ты хотела, чтобы мы с твоими одноклассниками помолились сегодня?"* *"Пожалуйста, - ответила Кэти, - помолитесь, о том, чтобы Бог дал мне новую пару обуви. Эти туфли совсем разваливаются."* Посмотрев на обувь Кэти, мы заметили, что подошва ее туфлей отваливается. Хотя туфли были отполированы до блеска, обувь была весьма изношена и порвана.

УРОК ДЛЯ УЧИТЕЛЯ

"Итак, класс, давайте помолимся о нужде Кэти в новой паре обуви.." Дети тут же склонили головы и начали молиться. По мере того, как они молились вслух, я размышляла о том, как трудно этой семье справляться со всеми финансовыми вопросами. Несмотря ни на что, родители Кэти настаивали на том, чтобы их трое детей получили христианское образование. Месяц за месяцем Бог верно заботился о них, давая возможность оплачивать учебу.

"В конце концов, - подумала я, *- я должна сбегать в магазин и купить Кэти пару туфель. Я не хочу, чтобы ее вера или вера других детей пошатнулась от того, что эта молитва останется без ответа. Я позабочусь о том, чтобы у Кэти были новые туфли."* Внезапно я почувствовала уверенность в том, что кто-то другой, а не я должен купить туфли Кэти. Мое дело молиться и доверять Богу, что Он решит этот вопрос по-Своему и во Славу Свою, не во славу кого-то другого, в том числе и меня. *"О, нет, -* подумала я, *- а что, если Кэти не получит свои туфли?"*

Той ночью всякий раз, как только я просыпалась, я молилась о туфлях Кэти. Готовясь утром к школе, я продолжала горячо молиться. По дороге в школу я молила Бога о том, чтобы Он дал Кэти обувь. Прозвенел звонок, все ученики стояли передо мной готовые к уроку. После того, как они спели гимн США, я объявила, что пришло время молитвы. Затем я спросила: *"Кто из вас получил ответ на вчерашние молитвы?"* -, следя за тем, поднимет ли руку Кэти. Конечно, Кэти с широкой улыбкой на лице с готовностью поделилась с остальными членами класса своим ответом на молитву.

"Да, Кэти, расскажи нам, о твоей молитвенной просьбе о новых туфлях", - попросил я ее, с тревогой ожидая ответа и думая о том, что теперь лучше понимаю царя Дария, пережившего бессонную ночь после того, как Даниил был брошен в львиный ров. *"Бог дал тебе новые туфли?" "О, да!"* - обрадовалась Кэти. *"Бог дал мне не одну пару обуви, а целых две. Вчера вечером кто-то оставил*

коробки с обувью на крыльце нашего дома. Сегодня утром, выходя в школу, я нашла на крыльце. Обе пары обуви подошли точно по размеру! Бог ответил на наши молитвы, не так ли, учитель?" "Да, - с энтузиазмом и облегчением согласилась я, - Бог действительно позаботился о том, чтобы у тебя были новые туфли. Он не только восполнил твою нужду, но и дал больше того, о чем мы просили у Него. Мы должны поблагодарить Его здесь и сейчас!"

Мы тут же склонили головы, дети радостно начали благодарить и славить Бога. Их вера не только не пошатнулась, она явно приумножилась. Самое главное, мое сердце было исполнено благодарностью к верному Богу, я снова убедилась в том, что Богу можно доверять, Он достоин чести и славы. Все, что от меня требовалось, - это послушание Его водительству. Остальное я должна была спокойно оставить на Его усмотрение. *"Спасибо Тебе за то, что Ты научил меня Своему пути, Господи, - горячо молился я в глубине души, - за то, что преподал мне урок, который я никогда не забуду."*

ИСТОРИЯ ТРЕТЬЯ

ИСКЛЮЧИТЕЛЬНАЯ ПАМЯТЬ ДЖУДИ

"Мал я и презрен, но повелений Твоих не забываю (Псалом 118:141).*"*

Джуди было десять лет, но она оставалась в третьем классе из-за неумения читать и писать. Перевод Джуди в третий класс был осуществлен без учета её академических знаний. Она была исключительным ребенком и не могла учиться так, как ее сверстники.

Как у учительницы начальных классов у меня было много обязанностей. Учитывая тот факт, что я преподавала в двух классах, в третьем и четвёртом, нагрузка была колоссальной. Двойные планы уроков требовали особой подготовки, а стопки школьных работ тридцати четырех учеников - ежедневной оценки. В течение всего учебного дня не было ни одной свободной минуты. *"Итак, что делать с Джуди"*, - размышляла я.

Во-первых, я попыталась организовать специальный урок чтения только для Джуди. Но ребенок с трудом запоминал слова. Снова и снова нужно было повторять прочитанное: *"Смотри, это Дик. Видишь, как Дик бежит. Беги, Дик, беги, беги, беги. Смотри, это Джейн. Видишь, как Джейн бежит. Беги, Джейн, беги, беги, беги. Смотри, это Спот. Видишь, как Спот бежит. Беги, Спот, беги, беги, беги."* Джуди смотрела, как новые словарные слова появляются перед ней на флэш-картах: "смотри, беги, Джейн, Дик, Спот." После освоения Джуди определённого словарного запаса ей дали книгу для чтения, но слова вдруг стали путаться, и перед ней снова появились флэш-карты.

"Из это ничего не выйдет", - вздохнула я. *"Может быть, кто-то из учеников, кто заканчивает свою работу раньше других, захочет помочь Джуди с уроком чтения?"* Когда я обратились к классу с этим предложением, поднялось много рук. Мы составили расписание для тех, кто смог принять участие в этом проекте. День за днем Джуди отрабатывала свои уроки.

После часа занятий чтением, Джуди просили выйти перед классом с книгой для чтения. Она с удовольствием читала пару страниц, иногда даже перевернув книгу вверх ногами, чтобы ее помощнику дня, было легко перевернуть страницу. С несколькими подсказками Джуди заканчивала читать свое задание, и весь класс разражался громкими аплодисментами. Лицо Джуди просто сияло!

В те дни в нашей школе третьеклассники и четвероклассники должны были ежедневно заучивать наизусть стих из Священного Писания. Обычно они заучивали целые главы, на запоминание которых давалось несколько недель. Пришло время двенадцатой главы Послания к римлянам. Дети старательно пытались выучить эту главу, особенно первые три стиха. Ежедневно утром каждый ученик должен был, стоя у своего стола, прочитать уже выученные наизусть стихи из определённой главы, добавив стих дня. Хотя иногда ученики могли запинаться на одном-двух словах, обычно им это удавалось.

К утру понедельника нужно было выучить наизусть первый стих из двенадцатой главы послания к римлянам. Наконец, подошла очередь Джуди. Она тихо поднялась со своего места. Выпрямившись во весь рост, она без колебаний начала: *"Итак, умоляю вас, братия, милосердием Божиим, представьте тела ваши в жертву живую, святую, благоугодную Богу, для разумного служения вашего."* С каким изумлением мы с ребятами в классе смотрели друг на друга!

Во вторник Джуди снова повторила первый стих и перешла ко второму: *"И не сообразуйтесь с веком сим, но преобразуйтесь обновлением ума вашего, чтобы вам познавать, что есть воля Божия, благая, угодная и совершенная."*

Наступил третий день, когда должны были быть прочитаны все три стиха. Как Джуди справится сегодня? Все с нетерпением ждали, что же произойдет. Она лишь улыбнулась, встала у своего стола, выглядя вполне уверенной. Она не только безупречно прочитала первые два стиха двенадцатой главы Послания к римлянам, но и без колебаний продолжила третий стих: *"По данной мне благодати, всякому из вас говорю: не думайте о себе более, нежели должно думать; но думайте скромно, по мере веры, какую каждому Бог уделил."*

Мы все без исключения открыли рты от изумления. У Джуди определено был дар от Бога запоминать Писание наизусть. А как же ее способность к чтению? День за днем Джуди боролась с Диком, Джейн и Спотом, когда они бегали, играли в мяч и общались с другими людьми, читая их истории в своей книге по чтению. Но у Джуди никогда не было проблем с запоминанием Слова Божьего.

ИСТОРИЯ ЧЕТВЕРТАЯ

ОТ БАСНИ К ИСТИНЕ

"Ибо мы возвестили вам силу и пришествие Господа нашего Иисуса Христа…(2 Петра 1:16)."

Будучи молодым специалистом, я была готова к преподаванию в начальной школе. Выполнив все требования, предъявляемые выпускникам, я с нетерпением ждала начала работы. Довольно продолжительное время я молилась, прося Бога дать мне эту столь желанную должность учителя, и Он ответил чудесным образом.

Стоя перед лицом своих учеников четвертого класса, я вспомнила о своем обещании Богу, что если Он позволит мне преподавать в этой довольно престижной государственной школе, то я буду верно свидетельствовать о Нем окружающим. Я знала, что это будет непросто, но я твердо решила, что если Бог откроет двери для свидетельства, то я буду смело и дерзновенно рассказывать о Нем.

В начале каждого учебного дня я как учитель читала одну из басен Эзопа и заканчивала занятие словами: *"А теперь, мальчики и девочки, наша мысль дня "*, - цитируя библейский стих в какой-то степени соотносившийся с прочитанной басней. Дети часто просили написать библейский стих на доске, чтобы они могли его переписать. Я с удовольствием выполняла их просьбу.

Так продолжалось несколько недель, и, казалось бы, все шло довольно гладко. Более того, ученикам очень нравилось это время перед началом основных уроков. Все изменилось в тот день, когда Пол, один из учеников, спросил: *"Мисс Иттерманн, а как появилась первая радуга?."*

Я посмотрела на Пола, думая, как ему ответить. Мне очень хотелось рассказать классу правду о первой радуге, но я также знала, что о происхождении радуги написано в одной из басен Эзопа. Как же мне поступить? Рискнуть и рассказать правду или довольствоваться басней? Решив выполнить обещание, данное Богу, я спросила класс: *"Вы хотите знать, что написано в басне или правду?"* Класс в унисон воскликнул: *"Мы хотим правду!."* *"Хорошо, -* согласилась я, *- я расскажу вам правду."* Взяв со стола книгу с библейскими историями, которую я ранее взяла в библиотеке, я прочитал историю о Ноевом ковчеге. Дети были изумлены.

"Расскажите нам больше правдивых историй!" - умоляли они. Так мы начали откладывать в сторону басни и брать в руки книгу с библейскими историями, чтобы познакомить детей с истиной. *"Это так здорово!* - регулярно комментировали ученики. - *Спасибо, что читаете нам эти истории!"*

Бог явно позаботился обо всем. Администрация школы согласилась с тем, что если книга библейских историй взята из публичной библиотеки, то проблем быть не должно. *"Мы хотим больше узнать о Библии"*, - умоляли дети.

Сидя в церкви во время вечерней проповеди и горячо молясь о просьбе ребят, я размышляла о том, когда лучше всего начать библейский клуб у себя дома. В итоге я пришла к выводу: *"Примерно через четыре месяца."* У Бога были другие планы. Слушая проповедь, я услышала слова проповедника: *"Не говорите ли вы: "Пройдет еще четыре месяца, и наступит жатва?*

Поднимите глаза ваши и посмотрите на поля, ибо они уже белы для жатвы!" – громко взывал он. Он снова и снова, казалось, выкрикивал эти слова, пока я наконец не сказала: *"Хорошо, Господи, если Ты хочешь, чтобы я начала библейский клуб немедля, я назначу его на следующую субботу."*

Клуб начался, мои ученики всегда с нетерпением ждали его проведения, приглашая своих друзей, братьев и сестер. Вскоре, к большому удивлению моих любознательных соседей, по субботам в моем доме собиралось шестьдесят восемь детей, Дети пели, молились, слушали библейские истории. Многие из них обратились ко Христу. Это привело к большим изменениям не только в моем классе, но и во всей школе.

ИСТОРИЯ ПЯТАЯ

ИЕГОВА ИРЕ

"И начал Исаак говорить Аврааму, отцу своему, и сказал: отец мой! Он отвечал: вот я, сын мой. Он сказал: вот огонь и дрова, где же агнец для всесожжения? Авраам сказал: Бог усмотрит Себе агнца для всесожжения, сын мой. И шли далее оба вместе (Бытие 22:7-8)."

У меня возникло определённое беспокойство. Библейский клуб, который я проводила у себя дома по субботам, посещало довольно много детей. Большинство из них, услышав ясное изложение Евангелия, обратились ко Христу. Я знала, что в городе нет ни одной здравой библейской церкви, размышляла о том, что будет с этими детьми, когда они вернутся в свои нехристианские дома и либеральные церкви.

В проведении библейского клуба мне помогала жена одного из преподавателей колледжа. Эта женщина была искренней христианкой, пережившей много притеснений за веру в Иисуса Христа. Ее муж был настолько обескуражен столь твердой христианской позицией своей жены, что в свое время поместил ее в психиатрическую больницу для наблюдения и лечения.

После многочисленных шоковых процедур, медикаментозного лечения, программ модификации поведения и других методов лечения психических расстройств психиатры только качали головой, заявляя: *"Единственное, что не так с этой женщиной, это ее одержимость и непреодолимое желание жить для Христа. Мы вынуждены отпустить её, поскольку, есть вероятность, что все остальные пациенты захотят принять ее религию. Она уже собирает их вместе для изучения Библии и пения гимнов. Изначально мы думали, что предоставление ей такой свободы послужит своего рода терапией, позволит вытравить "религию" из ее разума, но это не сработало. Она укрепляется в своих убеждениях и продолжает оказывать влияние на других пациентов!"*

"Скажите, миссис Дэвис, - с огромным волнением спросила я, новоиспеченный преподаватель начальной школы, у опытной, прошедшей много испытаний подруги-христианки, - *что будет с этими детьми, принявшими Христа как своего Спасителя, когда нас не станет? К кому они пойдут за духовным руководством? Кто будет заботиться о них?"* "Дорогая моя, - ответила мудрая наставница своей юной соработнице, - *Иегова-Ире, Господь все устроит. Когда кто-то действительно рождается в Божьей семье и становится Его ребенком, Бог сам берет на себя ответственность за этого новорожденного. Бог так все устроит, что кто-то обязательно окажется рядом, когда потребуется помощь."* "Вы уверены? - с сомнением спросил я. - Откуда вы знаете?"

"Когда-то я сама оказалась в такой же ситуации , - ответила мне жена преподавателя, перенесшая много страданий за Иисуса Христа.-*Моя бабушка, жившая далеко от моего отчего дома, привела меня ко Христу во время летнего визита. Мои родители не были христианами и очень расстроились из-за моего решения, и, конечно, никоим образом не поддерживали меня. Тем не менее Бог на разных этапах моего духовного пути всегда посылал кого-то, кто поддерживал меня. Он всегда давал именно того человека, который был необходим в каждый конкретный момент. Он тот же самый Бог, Иегова Ире."*

"Понятно!- воскликнула я, начиная понимать, чему хочет научить меня эта женщина. - *Другими словами, это похоже на то, как*

Бог в нужный момент послал агнца для жертвоприношения Аврааму, когда тот с Исааком поднялся на гору Мориа без жертвенного агнца. Бог точно так позаботится об этих детях, которых мы сегодня учим библейским истинам, они ведь принадлежат Ему. Это, безусловно, дает уверенность в то, что все можно предать в руки Божьи."

По примеру Авраама и Исаака, после вопроса Исаака об агнце и ответа Авраама о его вере в Иегову Ире, молодая учительница начальных классов и женщина постарше, более опытная христианка, жена профессора *"продолжили свой путь"*, неся служение вверенное им Иеговой Ире.

ЧАСТЬ ВТОРАЯ

ДОКТОРАТ, США

ИСТОРИЯ ШЕСТАЯ

МНЕ НИКОГДА ЭТОГО НЕ ПОЗВОЛЯТ

"Для сего и молимся всегда за вас, чтобы Бог наш соделал вас достойными звания и совершил всякое благоволение благости и дело веры в силе (2 Фессалоникийцам 1:11)*."*

Я училась в светском университете, приближалось время определится с темой докторской диссертации. Мне предстояло провести определенное исследование, и в течении года-двух написать докторскую диссертацию. *"Какую же тему мне выбрать?"* - размышляла я, выходя из здания учебного центра Клакстон и уверенно шагая через весь кампус к центральной библиотеке. *"Там тихо, и, возможно, там я смогу посидеть и подумать над темой диссертации"*, - подумала я.

Придя в библиотеку, усевшись в одно из кресел в читальном зале, я искренне помолилась: *"Господи, пожалуйста, помоги мне понять, какую тему выбрать, ведь ближайшие год-два я проведу, занимаясь исследованием этой темы. Я не хочу впустую тратить время. Зачастую, когда исследование уже завершено, кто-то другой уже опроверг рассматриваемую теорию. Ты понимаешь меня. Доверяю Тебе. Верю, что Ты дашь мне мудрость."*

В этот момент мне пришло четкое осознание, что мне предстоит провести исследование, рассматривая тему "Иисус Христос -учитель." У меня чуть волосы не встали дыбом - и в то же время по рукам побежали мурашки. *"Господи, они никогда не дадут мне этого сделать!"* - такова была моя первоначальная реакция. Чтобы преодолеть волнение, я решила выйти из библиотеки и прогуляться в сторону здания учебного центра Клакстон, где находился мой кабинет. Прогуливаясь, я размышляла о том, как буду излагать эту "религиозную" тему председателю и членам комиссии. *"Ладно, у меня еще есть два месяца на размышления"*, - успокаивала я себя. *"У меня есть достаточно времени собрать веские аргументы, которые помогут мне убедить комиссию и получить разрешение на проведение исследования."* С этой уверенностью я открыла тяжелую дверь здания, вошла во внутрь и начала пробираться по длинному темному коридору к своему кабинету.

Как раз в тот самый момент ко мне подошла моя высокообразованная интеллигентная и довольно настойчивая научный руководитель и твердо спросила: *"Скажите, какую тему Вы выбрали для своей докторской диссертации?."* Я была потрясена. У меня еще было достаточно времени для принятия окончательного решения. Моя научный руководитель прекрасно знала об этом, зачем же она сейчас требует у меня ответ?
- У меня еще время до того, как окончательно представить тему своего исследования. Я думаю об этом, но; Нет, - продолжила она, - *пожалуйста, я хочу знать, ваш ответ. Пройдем в мой кабинет, обсудим этот вопрос.*

У меня не было выбора, я покорно последовала за научным руководителем по коридору. В памяти всплыл стих Исаия 53:7, и сердце сжалось: "Как овца, ведён был Он на заклание." *"Что я ей скажу? Что я буду делать? У меня нет убедительных аргументов, она откажет мне в просьбе, и на этом все закончится. Господи, помоги мне, пожалуйста!"*- отчаянно молилась я, пока мы входили в кабинет научного руководителя.

Стоя у большого письменного стола, я смотрела на своего научного руководителя, сидящую в кресле и требовательно спрашивающую:
- Ну, какая у вас тема?
- Ну, э-э-э... я, вроде как, думала о.....И...,- заикнулась я.
- *Рассказывайте*, - потребовала научный руководитель, уже довольно нетерпеливо.
"Ну что ж, Господи, скажу или умру", - подумала я. И смело, без лишних колебаний, произнесла:
- *Я решила писать об Иисусе Христе как об учителе."*
В кабинете воцарилась смертельная тишина. Казалось, никто не смел дышать. Затем, очень спокойно и медленно, научный руководитель тихим голосом сказала:
- Я всю свою профессиональную карьеру ждала, когда кто-нибудь займется исследованием этой темы. Я окажу вам всецелую поддержку, помогу справиться с многочисленными противостояниями, с которыми мы столкнёмся ввиду выбранной темы, но будьте уверены, мы доведем ее до конца!"

Таким образом тема моей докторской диссертации была определена. Да, предсказание моего научного руководителя оправдалось, противостояний было много. В конечном итоге в этом светском университете Евангелие было донесено до преподавателей, студентов и аспирантов. Как я прославляла Бога за Его благодать и силу, позволившие мне публично представить учение Христа. Позже Бог использовал мою докторскую диссертацию разными путями, в результате чего многие души обратились ко Христу. Когда у Бога есть план, никто не может ему противостоять, но мы должны быть готовы рискнуть всем, чтобы исполнить Его волю.

ИСТОРИЯ СЕДЬМАЯ

ОСТАНОВИТЕСЬ ИЛИ МЫ ВСЕ ПАДЕМ ЗАМЕРТВО

"И был страх Господень на всех царствах земель, которые вокруг Иудеи, и не воевали с Иосафатом (2 Паралипоменон 17:10)."

Зал быстро заполнялся аспирантами, профессорами и всеми желающими присутствовать на защите темы докторской диссертации. Пришло время мне, докторанту, защищать тему своей диссертации: "Сравнительное исследование методов обучения Иисуса Христа." Тема была одобрена небольшим научным комитетом, состоящим из профессоров и научных руководителей, но требовалось еще и согласие более широкого круга преподавателей университета.

Я испытывала определённое опасение, прекрасно понимая, что многие присутствующие не разделяют моих христианских взглядов, не верят в подлинность Священного Писания. Среди тех, кто уже начал высказывать свое несогласие, были ярые атеисты, агностики и либералы. Как мне противостоять аргументам тех, кто может высмеять эту тему? Я не была уверена в том, что в аудитории присутствуют христиане, разделяющие мои убеждения, и даже если присутствуют, то хватит ли у них смелости высказаться?

Испытывая определённую слабость и тремор в коленях, я зашла в аудиторию, заполненную слушателями. Еще до моего появления в зале слышались шутки и насмешки над темой диссертации. Понимая, что я не могу контролировать сложившуюся ситуацию, я просто помолилась: *"Господь, я не знаю, как противостоять своим оппонентам, но я уверена, что Ты хотел, чтобы я выбрала эту тему. Ты контролируй происходящее. Если я буду знать, что сказать в процессе защиты темы диссертации, я это сделаю. Если нет, то я буду молчать. Я чувствую себя совершенно беспомощной в данный момент."*

Заведующий кафедрой официально представил меня и тему моей диссертации. Настало время мне представить обоснование и защитить тему своей диссертации. Хотя на некоторых лицах я заметила усмешки, меня довольно внимательно слушали. Затем настало время вопросов и ответов.

Поначалу все шло хорошо. Вопросы были довольно уместными, и у меня не было проблем с ответами. Однако вскоре дискуссия начала превращаться в хаос: убежденные атеисты и сомневающиеся агностики гневно оспаривали тему диссертации. Шутки стали неприятными, слышались даже ругательства. Я сидела перед аудиторией, опустив глаза, потеряв дар речи. *"Господи, помоги!"* – это все что, я могла вымолвить в тот момент.

И вдруг одна из аспиранток подняла руку, прикрывая рукой глаза, закричала: *"Остановитесь, иначе мы все падем замертво!.."* *"О, да, теперь им действительно будет над чем посмеяться!"* - с тревогой подумала я. Но, к моему удивлению, в зале вдруг воцарилась тишина. Все замолчали, по пепельным лицам присутствующих было видно, что они искренне боятся. Они были искренне напуганы.

Потом кто-то крикнул: *"Продолжайте свою защиту, и да благословит вас Господь!.."* Студенты и преподаватели быстро поднялись со своих мест и поспешили покинуть зал. Я сидела в изумлении, едва слыша, как председатель комиссии комментирует: *"Боже, как вы сохранили самообладание во время дебатов! Как вам это удалось?" "Это сделал Бог!* - честно ответила я.- *Это Его дело, и никто не может помешать Его плану."*

С этого момента я начала двухлетнее исследование жизни и учения Иисуса Христа. В ходе исследования я обратила внимание на различные группы слушателей, к которым Христос обращался в ходе земной жизни, определила, какие методы обучения Он выбрал для каждой из этих групп. Самым приятным для меня было то, что в диссертации было много ссылок из Священного Писания. Я была уверена, что каждый, кто ее прочтет, познакомится со Словом Божьим. Разве Бог не сказал, что Его Слово не вернется к Нему тщетным? Какое обетование надежды и ободрения!

ИСТОРИЯ ВОСЬМАЯ

СНАЧАЛА ШЕСТЬ, ПОТОМ ТЫСЯЧИ

"...сперва зелень, потом колос, потом полное зерно в колосе. Когда же созреет плод, немедленно посылает серп, потому что настала жатва (Марка 4:28б-29)."

Будучи аспирантом, я старательно готовилась к занятиям, собирала необходимую информацию для написания диссертации. Времени на общественные мероприятия и дополнительные занятия, кроме посещения церкви, практически не оставалось. Дни летели незаметно, а успеть нужно было многое.

Однажды в мой кабинет аспиранта зашли несколько студентов: "Мы слышали, что Вы христианка и пишете диссертацию об Иисусе. Нам нужен кто-то вроде вас, чтобы помочь нам начать библейские занятия в кампусе. Мы думаем, что есть и другие студенты, заинтересованные в посещении библейских занятий. Не могли бы Вы помочь нам в этом служении?" "Ничего себе, - подумала я, - какая возможность! Но когда же я буду готовится к проведению библейских занятий, у меня столько работы связанной с диссертацией?" "Я буду молиться об этом, - пообещала я своим посетителям.- Приходите через несколько дней, *и я дам ответ."* Они, удовлетворенные моим ответом, выходя из кабинета сказали, что тоже будут молиться об этом.

Студенты вернулись, как и ожидалось, через несколько дней, к тому времени я была уверена, что Бог хочет, чтобы мы начали библейские занятия в университете. *"На самом деле, -* сказала я, *- для меня большая честь, что вы меня об этом попросили. Мы просто должны молиться Богу, чтобы Он помог нам выделить время для подготовки и проведения, не в ущерб учебных занятий."."* Неделю за неделей шесть студентов исправно посещали библейские занятия. Это было благословенное время изучения Библии и молитв. В ходе событий стало ясно, что Бог хочет, чтобы в университетском городке была распространена Благая Весть о Христе. *"Мы должны молиться об этом",* - напутствовала я небольшую группу молитвенников.

Итак, шесть студентов усердно молились о том, чтобы Бог воплотил Свой план в жизнь, чтобы Евангелие Иисуса Христа было донесено до многих тысяч студентов, обучающихся в светском университете. Бог был верен, Он ответил нам на молитвы. Примерно в это же время два человека из миссионерской студенческой организации провели неделю в горах, постясь и молясь, вопрошая Бога, где Он хочет, чтобы они служили Ему. К концу той недели Бог дал им ясный ответ. Они должны были приехать в наш университет, Бог заверил их в том, что там есть небольшая группа молитвенников, взывающих о том, чтобы кто-то приехал и начал евангелизационное служение в кампусе.

Мужчины были послушны Божьему водительству, прибыли в университет вместе с командой служителей. Каким-то образом они познакомились с нашей молитвенной группой, и служение началось. Сотни людей посещали специальные мероприятия, организованные для студентов университета, заинтересованных в учении Христа. Многие студенты нашли Христа как своего Спасителя. В свою очередь они приводили на встречи своих друзей. Некоторые студенты насмехались над этими мероприятиями, но это было лишь хорошей рекламой служения. Число заинтересованных студентов постоянно росло.

В итоге одного из известных евангелистов пригласили провести евангелизационное служение в кампусе. Тысячи людей съехались со всего штата и из-за его пределов. В результате еще больше студентов и слушателей изъявили желание следовать за Христом. Университетский городок уже никогда не был прежним. Урожай был велик, но не без *"зелени"*, *"колоса"* и *"зерна."* Все это было сделано Богом, и это чудесно в наших глазах.

ИСТОРИЯ ДЕВЯТАЯ

СРОЧНОЕ ПОРУЧЕНИЕ

"Когда Я скажу беззаконнику: "беззаконник! ты смертью умрёшь", а ты не будешь ничего говорить, чтобы предостеречь беззаконника от пути его, — то беззаконник тот умрёт за грех свой, но кровь его взыщу от руки твоей (Иезекииля 33:8)."

"Пожалуйста, приезжай, побудь с моими дочерьми- подростками две ночи, пока я приму участие в конференции в другом городе, - попросила меня мама девочек, она так же, как и я, была аспиранткой. - Девочки могут сами о себе позаботиться, приготовить ужин и т.д., но мне было бы гораздо спокойнее, если бы с ними по вечерам и на ночь оставался бы кто-то из взрослых." "Я бы с удовольствием помогла, - ответила я, - но, как ты знаешь, через неделю у меня важный экзамен. Со всеми остальными занятиями времени на подготовку почти не остается. Я планировала провести эти две ночи, сосредоточившись исключительно на подготовке к экзамену." "Хорошо, подумай и дай мне знать, - настоятельно сказала мама девочек.- Ты нам очень нужна. Что мешает тебе готовиться к экзамену у нас дома? У девочек тоже есть свои занятия." –продолжила заботливая еврейская мама.

Обдумав ситуацию, я решила отказаться. Я училась в университете, чтобы стремясь получить диплом, и, конечно же, я очень не хотела отвлекаться на посторонние дела. Окончить все курсы за год - сложная и довольно амбициозная цель, но я была полна решимости ее достичь.

Настал день, когда я решила подойти к Розе, объяснить ей, почему именно я не могу ей помочь. В тот день во время утреннего чтения Библии я пришла к осознанию, что должна остаться с девочками. *"О, нет, - подумала я, - как же я буду готовиться к экзамену!"* Утешившись тем, что смогу обрадовать Розу, я подошла к своей коллеге и согласилась помочь. *"Ну, спасибо большое, - воскликнула Роза, - вы с девочками замечательно проведете время!"*

Дочери Розы отнеслись ко мне довольно прохладно, вовлечь их в разговор за обеденным столом было непросто. Я почувствовала облегчение и, откланявшись, удалилась в спальню, чтобы начать заниматься. *"Хотела бы я знать, как именно готовиться к этому экзамену!"* - размышляла я. Спустя два часа блужданий по конспектам лекций я решил сделать перерыв и принять душ. В этот момент в дверь постучала Кей, одна из девочек, и попросила разрешения войти. *"Чем могу быть полезна"*, - спросила я. *"Я хочу поговорить с Вами. Вы не против?"* - спросила Кей. *"Да, с удовольствием, - ответила я, довольная тем, что девочка хочет со мной общаться, - но я только собираюсь быстро принять душ. Я скоро вернусь. Ты меня подождешь?"* *"Да"*, - радостно ответила Кей.

Принимая душ, я думала о предстоящем разговоре. У меня появилось сильное желание рассказать ей о Христе. *"Но я не знаю, с чего начать"*, - рассуждала я. Потом я вспомнила, как в юности не раз хотела быть еврейкой. Я знала, что евреи - избранный Богом народ. Позже я поняла, что высшее призвание человека - быть дитем Божьим, независимо от того, еврей он или язычник. *"Вот, - подумала я, - это может быть хорошим началом разговора. Когда Кей спросит меня, почему я так говорю, я смогу объяснить ей, чем евреи столь особенны для Бога."*

"Надеюсь, она взорвется, когда я начну ей свидетельствовать", - подумала я. *"Я знаю, сколь прямолинейна их мать и как она реагирует,*

когда кто-то свидетельствует ей о Христе. Тем не менее я должна послушаться Бога в этом вопросе, невзирая на последствия. Что касается подготовки к экзамену, то я просто доверю этот вопрос Богу." Все прошло именно так, как я и предполагала. Кей заинтересовалась, почему я когда-то хотела стать еврейкой. Разговор продолжался несколько часов, я тщательно объясняла Кей, что написано о Христе в пятьдесят третьей главе книги пророка Исайи и других отрывках Ветхого Завета, говорящих о Христе как о Мессии. Кей внимательно слушала и задавала много хороших вопросов. Выйдя из комнаты, она заявила: *"Я хочу изучить эту тему глубже."*

У меня остался всего лишь один вечер для подготовки к экзамену. *"Господи, пожалуйста, помоги мне подготовиться. Так много зависит от этого экзамена, а у меня есть только один вечер, чтобы подготовиться к нему."* В процессе подготовки я запоминала, конспектировала и тщательно обдумывала различные фрагменты лекций. *"Какой сложный экзамен, -* подумала я, *- но у меня нет другого выхода."*

На следующий день аспиранты собрались в аудитории перед экзаменом. В воздухе витало напряжение. Некоторые затягивались сигаретами, чтобы снять напряжение. Другие отхлебывали из бутылки, у них дрожали руки. *"Почему все так нервничают?"* - спокойно спросила я. *"А то ты не знаешь? У нас всех есть одна причина для беспокойства!"* - заявил лидер одной из групп, собравшихся вместе, чтобы найти утешение друг у друга. *"Экзамен у этого профессора считается самыми сложным и иррациональным из всех экзаменов в учебной программе. К нему даже не знаешь, как подготовиться."*

Студентов пригласили в аудиторию. Раздали экзаменационные листы. Прочитав вопросы, я сделала все возможное со своей стороны, ответив на них. Позже я узнала, что получила самый высокий балл из всех! *"Как ты это сделала?"* - спрашивали меня коллеги *"Я ни при чем"* -отвечала я.

Это был первый и единственный опыт экспресс подготовки к экзамену, за все годы аспирантуры, но я его никогда не забуду. Только в вечности мы узнаем, приняла ли Кей Христа как своего Мессию. Но я верю, что у Бога был Свой план, и я поделилась Евангелием с Кей в тот вечер. Я сделал свою часть работы, а Бог, определено, сделал Свою.

ИСТОРИЯ ДЕСЯТАЯ

ЗЕМЛЯ, ГДЕ ТЕЧЕТ МОЛОКО И МЕД

"И иду избавить его…и вывести его…в землю…где течёт молоко и мед (Исход 3:8а)."

Когда кто-нибудь спрашивает меня: *"Скажите, пожалуйста, каково это - жить на другом конце света, в одной из самых экономически бедных стран Восточной Европы."* Обычно я на мгновение задумываюсь, а затем отвечаю: *"Это действительно парадокс."*

С одной стороны, зарплаты низкие, многие западные товары по-прежнему недоступны. С другой стороны, сочные спелые фрукты, собранные летом, истекающие сладким соком. Овощи в изобилии, разнообразие молочных продуктов изумляет. Но кульминация наступает осенью, когда у входной двери моего дома всегда стоит бидон натурального меда. Ах, как сладка бывает жизнь в Молдове!

Когда я вижу мед, вспоминаю то время, когда Бог призвал меня послужить Ему особым образом. Я сомневалась, смогу ли я действительно полностью *"отпустить"* свои мечты и цели жизни и отдать их в Его руки.

ЗЕМЛЯ, ГДЕ ТЕЧЕТ МОЛОКО И МЕД

Однажды вечером на горе Лукаут, на закате дня, я, тогда еще будущая миссионерка, сидя на большом камне с открытой Библией в руках, читала Псалом 80. Размышляя над семнадцатым стихом: "Я питал бы их туком пшеницы и насыщал бы их мёдом из скалы.", хорошо зная историю, записанную в Ветхом Завете, где Бог обещал привести израильтян в землю, текущую молоком и медом, я вспомнила, как они упрямились и не слушались. В результате они лишились благословений, которые Бог хотел им дать. Это был печальный исход.

"Я не хочу упустить все то, что Ты приготовил для меня, - горячо молилась я, будущий миссионер.- *Я принадлежу Тебе всецело. Веди меня, я последую за тобой."* Тогда я еще не знала, что однажды в будущем Бог приведет меня в страну где течет молоко и мед. Но истинной наградой за послушание в следовании за Христом, несомненно, является не бидон меда, а привилегия делиться Словом Божьим с другими людьми. Те, кто слушает и принимает его Слово, с благодарностью говорят Ему: "Как сладки гортани моей слова Твои! лучше мёда устам моим." Псалом 118:103.

Я ни разу не пожалела о том, что служу Христу там, куда бы Он ни вел меня. Единственное, что огорчало меня, это мое блуждание вдали от Бога. Бог всегда был верен в исполнении Своих обещаний, и в прямом и в переносном смысле. Он привел меня в Молдову, в землю, где течет молоко и мед.

ИСТОРИЯ ОДИННАДЦАТАЯ

ИСПЫТАНИЕ ВЕРЫ

"Говорил же это, испытывая его; ибо Сам знал, что хотел сделать (Иоанн 6:6)."

Будучи аспирантом, я была всецело поглощена учебой, готовилась к экзаменам, писала научные работы, планировала семинары и посещала занятия. Это был сложный путь, но я верила, что Бог призвал меня к этому. Все шло хорошо, мне нравилось учиться. Даже с финансами не было проблем, у меня было достаточно сбережений. При некоторой бережливости я могла бы закончить аспирантуру без долгов.

Все произошло так неожиданно. По какой-то неизвестной мне причине у меня возникло страстное желание снять все свои сбережения и пожертвовать их в миссионерскую организацию, которой я очень восхищалась. *"Нет, - возражала я, - этого не может быть!"* Убежденность сделать это росла день ото дня. Я не находила себе покоя. *"Что же мне делать? - взывала я к Богу. - Ты призвал меня получить докторскую степень. Если я отдам все свои деньги, то либо влезу в долги, либо брошу учебу. Ни тот, ни другой вариант мне не кажется правильным, и, конечно, же Ты, Бог, который не отступает и не меняет Свои решения."*

ИСПЫТАНИЕ ВЕРЫ

Я продолжала учиться, но душа моя не находила покоя. Наконец, отчаянно нуждаясь в душевном равновесии, чего бы оно мне ни стоило, я решила снять все свои сбережения и отправить чек в миссию. Может быть, теперь я обрету покой, освободившись от столь тяжкого бремени.

С огромной решимостью я поехала в банк. Обратившись к служащему банка, я сказала, что закрываю свой счет и буду признательна за банковский перевод на имя миссии. Подписывая документы у кассы, я заметила, что моя рука дрожит. *"Надеюсь, моя подпись выглядит достоверно"*, - подумала я про себя, глядя на свой корявый почерк. Чек был вложен в конверт, адрес написан, марка приклеена. Моя судьба была предрешена. Обратной дороги не было. Либо Бог вмешается, либо моя докторская степень будет принесен в жертву. Так тому и быть! Со спокойной душой я вернулась к учебе, ожидая очередной платеж за обучение и/или другие расходы.

Через несколько дней ко мне обратился администратор университета с просьбой рассмотреть возможность проведения занятий с несколькими студентами старших курсов педагогического колледжа. Зная, что у меня напряженный график, я сразу же задалась вопросом, смогу ли я работать больше. *"Мы оплатим Ваше обучение и будем выплачивать Вам ежемесячную стипендию, чтобы Вы могли покрыть все остальные расходы, - предложила администрация. - Вам будет предоставлен кабинет преподавателя и секретарь, который будет помогать вам набирать тексты как для занятий, которые Вы ведете, так и для Ваших личных занятий. Она также будет помогать Вам проверять работы студентов. Любые командировочные расходы, связанные с выполнением преподавательских обязанностей, будут компенсированы. Пожалуйста, примите наше предложение."*

Мое сердце ликовало в знак благодарности Богу. Он так хорошо знал Свое дитя - я бы приняла предложение о преподавании только при отсутствии сбережений в банке. Я бы поставила свою учебу в аспирантуре выше дополнительных обязанностей. Бог знал, что опыт преподавания, полученный в университете, будет неоценим при устройстве на работу в качестве преподавателя и директора школы. Мне нужно было получить опыт в преподавании, чтобы в будущем меня могли принять на работу не только на основании моей докторской степени. Этот опыт был просто необходим для того, чтобы целостно выполнять свои обязанности аспиранта. Спустя некоторое время я осознала, что сделал Бог, попросив меня рискнуть тем, что я считала *"всем"*, Он дал мне взамен гораздо больше, чем мое *"все."*

Это был бесценный урок, полученный на этапе профессионального становления, позже, когда мне казалось, что Бог ждет от меня чего-то большего, я всецело доверяла Ему. Я осознала, что Он посылает нам испытания не только для того, чтобы испытать нашу веру, но чтобы показать нам Свою Силу и Могущество. Я доверяю Ему всецело, будучи уверенной в том, что "Он Сам знал, что хотел сделать."

ЧАСТЬ ТРЕТЬЯ

ДИРЕКТОР ШКОЛЫ, США

ИСТОРИЯ ДВЕНАДЦАТАЯ

ГОСПОДИ, СПАСЕН ЛИ ДЖЕКИ ГЛИСОН[1]?

"Иисус сказал: славлю Тебя, Отче, Господи неба и земли, что Ты утаил сие от мудрых и разумных и открыл то младенцам; ей, Отче! ибо таково было Твоё благоволение (Матфея 11:25-26)."

В то время я работала директором христианской школы во Флориде, день выдался тяжелым с самого утра, столько всего надо было сделать. Наконец, я не выдержала, решила пойти помолиться в часовню. Зная, что дети - хорошие молитвенники, я зашла в класс первоклассников с мыслю: *"Может мне стоит прервать их урок, спросить, не хочет ли кто-нибудь из детей пойти со мной в часовню помолиться?*

Я тихонько открыла дверь класса. Учительница прервала урок и спросила, может ли она чем-то помочь. *"Да, - ответил я, - я иду в часовню, помолиться о новом здании, которое так необходимо для нашей школы к следующей осени, в старом здании нам слишком тесно. Я подумал, не хочет ли кто-нибудь из детей пойти со мной, присоединится к молитве, помолиться о том, чтобы Бог дал нам другое более просторное здание."*

В тот же момент шесть первоклассников подняли руки. Они хотели присоединиться к молитве о новом здании. *"Вы

ГОСПОДИ, СПАСЕН ЛИ ДЖЕКИ ГЛИСОН?

понимаете, что это серьезно?" — напомнила учительница своим ученикам. Дети энергично кивали головами, ожидая разрешения учительницы присоединится к директору.

Я провела детей в часовню. Мы все встали на колени и начали молиться. Молитвы детей были простыми, и искренними. Я почувствовал некоторое облегчение от столько тяжкого бремени. Как драгоценна детская вера.

И тут неожиданно Катрин, маленькая красивая девочка, француженка, начала плакать. *"О, Боже,* - молилась она, - *я не знаю, спасен ли Джеки Глисон. Господи, если он не знает Иисуса, он не может попасть на Небеса. Пожалуйста, Боже, дай мне знать, христианин ли он."* Она продолжила молитвы сокрушаясь над судьбой мистера Глисона, жившего в то время в Майами, в том же городе, где жила Катрина и ее семья. Наконец, она закончила молитву и поднялась с колен. На ее прелестном, безмятежном личике появилось довольное выражение. Катрин поговорила с Богом и теперь мир Божий исполнил ее сердце.

Я отвлеклась от своей нужды, в строительстве более просторного здания, размышляя о том, что произошло в часовне. Я никогда ранее не видела, чтобы ребенок так сильно переживал за чью-то душу, как Катрина. *"Я знаю, что должна сделать!"* воскликнула я про себя. *"Я напишу Джеки Глисону и объясню ему, что произошло."*

Взяв со стола открытку, я написал: *"Дорогой Джеки Глисон, сегодня маленькая шестилетняя девочка стояла на коленях и плакала о Вашей душе. Она очень хочет когда-нибудь увидеть Вас на небесах. К письму прилагается небольшая брошюра, в которой ясно описано то, что Катрин знает о спасении. В конверте вы найдете почтовую открытку, напишите пожалуйста свой ответ "да" или "нет." Спасибо, что нашли время ответить."*

Через несколько дней в офис школы была доставлена открытка. На ней крупными буквами было написано слово *"Да!."* Больше я никогда не получала новостей от этого известного человека, но когда-нибудь его истинный ответ станет известен всему миру. Верю, что Святой Дух, положивший бремя на сердце шестилетней Катрин, коснулся сердца человека, которому предстояло принять наиважнейшее решение.

Да, Бог может использовать детей для осуществления Своих планов. Он действует через смиренные сердца, чуткие к Его голосу, искренне заботящиеся о душах других людей. Давайте будем "детьми" с открытыми сердцами, тогда у Бога будет свобода возложить на нас бремя заботы о заблудших душах. Бог хочет спасения всякой душе!

ИСТОРИЯ ТРИНАДЦАТАЯ

ЧТО МЕНЯ ЖДЕТ?

"Умею жить и в скудости, умею жить и в изобилии; научился всему и во всём, насыщаться и терпеть голод, быть и в обилии и в недостатке (Филиппийцам 4:12)."

В мои обязанности, как директора христианкой школы во Флориде входила оплата всех счетов. Оплатив все счета, выдав заплату преподавателям и сотрудникам школы, я обнаружила, что денег на мою собственную зарплату на счету недостаточно. Подсчитав предстоящие расходы, оказалось, что денег хватит только аренду квартиры, коммунальные платежи, страховку и бензин. На еду не оставалось ни копейки.

Никогда раньше я, не сталкиваясь с подобной дилеммой, всячески старалась понять, как поступить в сложившейся ситуации. Написать родителям и попросить денег? Тут же решила отказаться от этой идеи, опасаясь, что они будут настаивать на моем возвращении домой. У меня были небольшие сбережения в банке, и я подумал, не снять ли мне их?

Пока я молился о мудрости, в памяти постоянно всплывал библейский стих: "Трудящийся достоин награды своей." Потянувшись за Библией, я нашла этот стих в первом послании к Тимофею 5:18. Поднявшись с колен я подумала: *"Хорошо,*

ЧТО МЕНЯ ЖДЕТ?

Господи, я буду наблюдать за тем, как Ты обеспечишь меня едой в этом месяце."

Приняв решение никому не рассказывать о своей нужде, у меня появилась прекрасная возможность довериться в этом вопросе только Богу. И если это значило месяц голодать, то я выживу! Пока я размышлял о сложившейся ситуации, зазвонил телефон. Звонил молодой человек, интересуясь может ли он пригласить меня вечером в ресторан на ужин. Конечно, же я согласился - я же была голодна!

По дороге домой, ничего не зная о моей ситуации, молодой человек спросил разрешения заехать в продуктовый магазин. Я подумала, что ему нужно купить продуктов для дома. Когда мы зашли в магазин и покатили тележку, прогуливаясь по рядам, он все время спрашивал меня, нравятся ли мне те или иные продукты. Когда я отвечала "да", он клал продукт в тележку. Когда мы подъехали к моему дому, он вручил мне все пакеты с продуктами!

Когда продукты закончились, вернувшись домой из школы, я обнаружила у своей двери конверт с деньгами. Вскоре посыпались телефонные звонки, приглашения от друзей: *"Как насчет ужина сегодня? Я угощаю."* Я была изумлена, наблюдая за тем, как Бог заботится обо мне. *"Это действительно здорово!"* воскликнула я, когда мои соседи бразильцы зашли ко мне с подносом еды. *"Мы попробовали несколько новых рецептов и хотели, знать твое мнение"*, - объяснили они.

Не стоит и говорить, что буквально пролетел, и, к своему удивлению, к концу месяца, я обнаружила, что набрала вес! *"Господи, как же хорошо Ты заботился обо мне!"* - подумала я, - *"Ты так обильно кормил меня весь месяц, что мне придется сесть на диету!."*

Так я усвоила еще один бесценный урок, Бог может восполнять наши нужды, с изобилием и щедростью. Как мы можем сомневаться в Его любви и заботе о нас? Он очень любит Своих детей, восполняет все их нужды. Все, что Он просит взамен, - это выражение благодарности и подтверждение нашей любви к Нему словами и делами. Он действительно совершенный Отец!

ИСТОРИЯ ЧЕТЫРНАДЦАТАЯ

ЖЕРТВА, НЕ ВЗЯТАЯ ДАРОМ

"Нет, я заплачу тебе, что стоит, и не вознесу Господу, Богу моему, жертвы, взятой даром (2 Царств 24:24)."

Моя младшая сестра Гвен, служившая миссионеркой на Ангилье (крошечном острове в Карибском море), получила в подарок от учеников христианской школы в Санкт-Петербурге, штат Флорида, красивый микроавтобус золотистого цвета. Дети самостоятельно собрали деньги на микроавтобус, его планировалось использовать в качестве школьного автобуса на острове. *"Какой чудесный подарок от Бога!"* - воскликнула Гвен, узнав столь чудесную новость.

В то время я работала в другой христианской школе, в штате Флорида, завучем. Мне очень нравилось получать интересные письма от сестры, рассказывающие о жизни на другой части света. Однажды, прочитав в письме о том, что Гвен нужны деньги, заплатить государственную пошлину 400 долларов за новый микроавтобус, я очень забеспокоилась. В случаи неуплаты автомобиль должен был быть конфискован. *"О, этого не может быть!"* -воскликнула я.

Каждое утро школьные преподаватели собирались на утреннюю молитву, перед началом учебного дня. Это было драгоценное время для нас как преподавателей, мы делились своими радостями и нуждами с коллегами, ожидая, как Бог будет действует в ответ на наши молитвы. Зная, что Гвен нуждается в молитве о финансах на оплату государственной пошлины, я попросил своих коллег помолиться об этой нужде.

Хотя я и мои коллеги были весьма тронуты этой нуждой, никто из нас не мог помочь материально. Вся это ситуация произошла как раз в то время, когда я сама нуждалась в деньгах на покупку еды, нам оставалось только молиться, что все мы все и делали.

Учителя вернулись в свои классы и рассказали об этой нужде своим ученикам, которые тоже подключились к молитве. Некоторые старшеклассники предложили следующий план: *"Давайте соберем 400 долларов сами, найдем подработку, продадим что-нибудь из своих вещей. Мы знаем, библейскую историю о царе Давиде, он говорил, что не будет приносить жертву Богу, ничего не стоящую для него. Давайте поступим так же!."* Остальные ученики согласились, и проект начался с одним условием, что я как завуч, ничего не должна знать о его осуществлении. Когда вся сумма будет собрана мне сделают сюрприз.

В течение нескольких недель ученики упорно трудились, стригли газоны, пропалывали огороды, распродавали игрушки и других ценных для них вещи. Родители были удивлены, но довольны тем, как взрослеют их дети. Каждый день дети приносили вырученные деньги в школу, и все больше радовались, видя, как быстро они продвигаются к своей цели. Наконец, наступил день, когда сумма в 400 долларов была собрана. Настало время удивить меня.

Ученики и преподаватели выбрали особое время во время библейского часа, чтобы рассказать мне об ответе на мои молитвы, которые я возносила к Бога в течение последних недель.

В конце библейского часа маленький мальчик поднялся со своего места и сказал: *"Извините, доктор Иттерманн, я хочу вам кое-что подарить."* *"Что же это?"* -удивленно спросила я, не ожидая подарка.

Маленький Брайан подошел к столу, держа в руках конверт. Затем вложил его в мою протянутую руку. С недоумением посмотрев на конверт, я вскрыл его, оттуда выпал чек. *"Это деньги для вашей сестры Гвен, чтобы заплатить госпошлину за микроавобус!"* -объяснил Брайан под аплодисменты студентов. *"Мы собрали все деньги сами. Мы не хотели приносить Богу жертву, которая бы нам ничего не стоила."* Я обняла Брайана и многократно поблагодарил учеников, после чего поспешно объяснил: *"Я должен немедленно бежать в офис и отправить этот чек по почте, чтобы моя сестра получила деньги до того, как правительство конфискует ее новый микроавтобус"*

Конверт с чеком на оплату госпошлины был получен Гвен через несколько дней. Как радовались, молились и пели хвалу Богу за Его верность в восполнении нужды, ученики и преподаватели миссионерской школы на острове Ангилья. Бог устроил так, что дети из Санкт-Петербурга, штат Флорида, собрали деньги на покупку микроавтобус, а затем побудил учеников моей школы пожертвовать финансы на оплату госпошлины.

Дети прославляли Христа, въезжающего в Иерусалим на ослике, они продолжают делать это и сегодня. Дети каким-то особым образом понимают столь важную духовную истину, что истинное даяние имеет свою цену. Разве Бог не продемонстрировал этот принцип, пожертвовав Своим Сыном, Господом Иисусом Христом ради нас?

ИСТОРИЯ ПЯТНАДЦАТАЯ

И НЕ БЫЛО ДОЖДЯ

"... И молитвою помолился, чтобы не было дождя: и не было дождя на земле (Иакова 5:17б)."

Однажды, по какой-то причине одна из учительниц начальных классов не вышла на работу. Я, как директор школы, попыталась найти ей замену, но в такой короткий срок все было тщетно. Мне ничего не оставалось, как взять на себя замену.

В то утро небо было затянуто темными тучами, ветер усиливался. Казалось, что в любой момент может пойти сильный дождь. Я вошла в класс обратив внимание на то, как сильно дребезжат оконные стекла от сильного флоридского ветра. Меня охватило беспокойство за учеников пятого и шестого классов, отправившихся на экскурсию на природу.

Наблюдая, как первоклассники старательно работают на своих местах держа в руках большие круглые карандаши. Я начала тихонько молиться, чтобы во время экскурсии не пошел дождя. Все прогнозы погоды говорили об обратном. Молясь, я подумала, что хорошо было бы попросить ребят, сидящих передо мной помолиться, чтобы Бог не допустил дождь.

"Господи, - рассуждал я, - как это правильно сделать? Ветер воет, небо затянуто тучами." Но желание попросить ребят молиться

не покидало меня. Наконец, я сдалась, но перед этим напомнила Богу, что если вера маленьких детей оскудеет из-за того, что молитва останется без ответа, то я не буду нести за это никакой ответственности. *"Мальчики и девочки, -* начала я, - *ученики пятого и шестого классов отправились на экскурсию, похоже, что скоро пойдет дождь. Пожалуйста, молитесь, чтобы не было дождя, во время экскурсии."*

Дети внимательно слушали мою просьбу, устремив на меня абсолютно невинный взгляд. Они кивали головами. И тут же, без моего призыва к молитве, они поднялись со своих мест, встали на колени возле своих маленьких стульчиков. Я просто уставилась на них, от изумления. Такое поведение было совершенно необычно для первоклассников.

Удивленная происходящим, я не могла подобрать слов, сказав только: *"Молитесь своими словами."* Я понимала, что это необычный призыв к молитве для шестилетних детей, но, похоже, от меня ничего не зависело. Привыкшая к возвышенным молитвам типа: *"Умоляем Тебя, Господи, Творец неба и земли...."* Я ждал, когда дети начнут молиться. Вместо высокопарных фраз маленький Мэтью сказал: *"Боже, похоже на дождь. Пожалуйста, не допускай дождь, пока ребята находятся на улице. Во имя Иисуса. Аминь."* Бекки продолжила: *"Господи, если пойдет дождь, пока дети будут на улице, они промокнут!"* Один за другим дети молились, простыми словами. Когда они закончили, то без моей подсказки поднялись с колен и сразу же принялись за классную работу.

Я стояла с изумлением наблюдал за происходящим. Вдруг, заметив, что стекла перестали дребезжать, я воскликнула: *"Послушайте, ветер утих!."*, *"Сава Богу!"* - закричал маленький Пол, который с трудом выговаривал "л." *"Смотрите, мальчики и девочки, -* радостно объявил я, - *солнышко светит!"* В ту же минуту дети начали петь: *"Славьте Его, славьте Его, все вы, малые дети. Бог есть любовь. Бог есть любовь. Хвалите Его, хвалите Его, все вы, маленькие дети. Бог есть любовь. Бог есть любовь!"*

Я стояла, смотрела на происходящее глазами полными слез. Теперь я понимаю. Бог слышит и отвечает на молитвы маленьких детей, потому что их вера крепка. Какой ценный урок. Наш Небесный Отец ожидает от Своих детей молитв исполненных детской веры. Именно на такие молитвы Он отвечает с радостью.

ЧАСТЬ ЧЕТВЕРТАЯ

ПРОФЕССОР УНИВЕРСИТЕТА, США

ИСТОРИЯ ШЕСТНАДЦАТАЯ

КНИГА ЖИЗНИ АГНЦА

"И кто не был записан в книге жизни, тот был брошен в озеро огненное (Откровение 20:15).*"*

Марку было одиннадцать лет, но он так и научился читать. Его старшая сестра была очень способной ученицей. Родители детей были весьма обескуражены происходящим, почему дочери учеба дается так легко, а сыну так сложно. Они тщетно пытались найти кого-нибудь, кто мог бы им помочь, и их тревога только усугублялась. В итоге, им порекомендовали обратиться ко мне, профессору университета, который вел занятия по обучению чтению студентов, готовящихся к поступлению на педагогический факультет. *"Возможно, Доктор Иттерманн сможет найти решение нашей проблемы"*, - утешали родители друг друга.

Мама Марка зашла в мой кабинет, она быстро объяснила ситуацию и спросила: *"Вы можете нам помочь?."* Взглянув не нее, я подумала. Помимо всех моих обязанностей, связанных с учебным процессом в университет, я ездила по всему штату, наблюдая за студентами-преподавателями, готовящимися к аттестации. Как я могу найти время для занятий с этим ребенком, который за всю свою жизнь не прочитал ни слова? *"Нет, это просто невозможно"*, - подумала я. Мама Марка объяснила мне, что Марк очень интересуется Библией, и спросила, могу ли я преподавать ему духовные дисциплины. Теперь я в свою очередь проявила неподдельный интерес ко всей этой истории. Возможно, это была открытая дверь, хорошая возможность поделиться Евангелием с Марком и его семьей. *"Хорошо, - согласилась я, - я буду заниматься с Марком по тридцать минут пять дней в неделю здесь, в университете."*

День за днем, Марка приводили в университет на занятия. Сначала не было никаких успехов в обучении чтению, но каждый день Марк изучал большую "Книгу без слов." Он узнал, что на картинках изображены Адам и Ева, как грех вошел в мир. Он мог ответить на вопрос, Кто умер на кресте за грехи каждого человека. Марк всегда улыбался, когда мы доходили до белой страницы, изображающей чистое сердце грешника, после принятия Христа как Спасителя. Зеленая страница, как он знал, рассказывала о том, как человек растет духовно после покаяния.

Любимой страницей Марка была золотая с изображениями Небес, ангелов и книги. Он научился отвечать на вопрос *"Что это за книга?" "Книга жизни Агнца." "Чьи имена записаны в книге жизни Агнца, Марк?"* -звучал следующий вопрос. Он быстро отвечал: *"Людей, которые пригласили Христа в свое сердце."*

В итоге Марк научился читать одно слово. Какой грандиозный прорыв! Если он смог научиться читать одно слово, он сможет прочитать и два, так началась практика работы с флэш карточками. Марк был в восторге, как и его родители, и студенты университета, с интересом наблюдавшие за процессом обучения. Вскоре Марк смог прочитать пятьдесят слов. Мы организовали специальное мероприятие для всех желающих послушать, как Марк читает. Для нас всех это было особенное событие. Марк даже успел поделиться своими знаниями о "Книге без слов" и объяснить, что означает каждый цвет.

Когда я попросил Марка рассказать о книге, изображенной на золотой странице, он ответил: *"Это Книга жизни Агнца."* Затем я спросила: *"А твое имя записано в Книге жизни Агнца?"* "Нет", - признался Марк. *"А ты хочешь, чтобы оно было там записано?"* - мягко спросил я. мягко спросил я. *"О, да, очень!"* воскликнул Марк. И тут же Марк помолился о принятии Иисуса Христа как своего личного Спасителя. Все присутствовавшие в аудитории прослезились, осознавая суть произошедшего. *"Хорошо, Марк,* - продолжила я, когда Марк поднял голову, выглядя весьма радостным, - *скажи нам еще раз, чьи имена записаны в книге жизни Агнца?"* Вместо того чтобы дать заученный ответ, Марк на мгновение задумался. Посмотрев на меня с удивлением, он радостно ответил: *"Я знаю,* - ответил он со свойственной ему искренностью, - *я знаю, там записано МОЕ ИМЯ!"*

ИСТОРИЯ СЕМНАДЦАТАЯ

БРЕМЯ ОДАРЕННЫХ

"Дивны дела Твои, и душа моя вполне сознаёт это (Псалом 138:14а)."

Маленькую двухлетнюю Ребекку ко мне, профессору университета, как к специалисту по обучению чтению. Ее мать была весьма обеспокоена тем, чтобы ее маленькой дочери будет оказана профессиональная помощь, даны профессиональные советы по развитию навыков чтения. В своем возрасте Ребекка уже умела читать, апеллируя словарем в пятьдесят слов. Она могла взять в руки книгу для самых маленьких и прочитать по слогам многие из коротких рассказов.

Мама четырехлетней Тэмми попросила дать оценку умственных способностей ее дочери. В два года ребенок вырывался из рук, стремясь без помощи взрослых подняться по лестнице. *"Почему я могу подниматься по ступенькам, так же как ты?"* Малышка, отказывалась ставить одну ногу на ступеньку, а затем поднимать другую, стремясь подниматься по лестнице, так, как это делали взрослые. В четыре года Тэмми смотря ночью на звездное небо напевала: *"Мерцай, мерцай, маленькая звездочка, мне интересно, кто ты?."* Отвечая на свой же вопрос, она говорила: *"Все же знают, что там, наверху, скопление газов!."*

Папа пятилетнего Исаака учился в Библейском колледже, изучая курс "Философия религий." Однажды устав от долго размышления над одной из таблиц в учебнике по философии, он с пренебрежение отложил учебник решив заняться чем-нибудь другим. Исаак находившийся в комнате взял в руки книгу по философии, пролистывая страницы воскликнул: *"Мне это не нравится!."* Удивленный отец, заметил сына сидящего с учебником в руках. *"Что ты имеешь в виду?"* - спросил отец. Исаак объяснил отцу таблицу, сделав при этом определенные выводы. *"Как я могу помочь своему ребенку развивается нормально?"* - сокрушался отец.

Энди было десять лет, когда его привели ко мне, в то время я очень сильно интересовалась судьбой одаренных детей. Энди собрал свой собственный компьютер, когда ему было всего девять лет. Тем не менее, он был довольно депрессивным мальчиком, настолько, что уже пытался покончить с собой. Его родители были в отчаянии.

Чтобы наладить контакт с Энди, я сказала, что подумываю о посещении курсов компьютерной грамотности. *"И сколько это будет стоить?"* - серьезно спросил Энди. *"2400 долларов за двенадцать месяцев"*, - ответила я. *"О, значит 200 долларов в месяц"*, - тут же отреагировал Энди. *"А есть другие предложения?"* - продолжил он. *"Да, есть еще одни курсы, 1900 долларов за двенадцать месяцев."* Энди задумался, а затем очень взволнованно сказал: *"Извините,* - сказал он, - *у вас есть бумага и карандаш?"* Он быстро высчитал сумму, причитающуюся за месяц, и извиняющимся тоном сообщил: *"Извините, цифра в центах получается не совсем точной. В ней есть остаток. Ненавижу это!"*

Я был удивлена. Я не ждала от Энди никаких расчетов. У него был математический склад ума, и он постоянно что-то считал. Конечно, большинству "нормальных" детей было бы абсолютно безразлично сколько стоят. Даже когда его родители устраивали вечеринки у бассейна на заднем дворе своего дома, всячески способствуя общению сына с ровесниками, он незаметно покидал компанию. Отправившись на его поиски, они неизменно находили Энди сидящим за столом и вычисляющим какое-то математическое уравнение. *"Я просто не мог закончить решение в уме, пока плавал"*, - объяснял он.

"В чем преимущества и недостатки одаренности?" - спросила я Энди. *"Я не могу назвать никаких преимуществ"*, - быстро ответил он. *"А недостатки?"* спросил я, желая, чтобы он продолжал. *"Я точно знаю, что дети тебя просто не любят"*, - ответил Энди.

В каждой из этих ситуаций я понимала, что должен придерживаться библейского подхода, ведь разве не Бог создал всех людей уникальными для Своего плана, для определенной цели? Да, каждый человек сотворен по образу и подобию Божьему, но каждый из нас сотворен по-своему. Некоторые отклоняются от нормы больше, чем другие. Чем больше ребенок одарен в той или иной области, тем больше он будет непонятен окружающим. Каждый человек хочет быть принятым. Такое отклонение от принятой нормы может стать серьезным бременем для ребенка и его семьи.

Каково же решение этой дилеммы? Каждый их нас должен быть убежден, что Бог дал дары и таланты для Своих целей. Апостол Павел, вдохновленный Духом Святым, ясно объяснил с какой целью нам даны духовные дары: "Для совершения святых, на дело служения, для созидания тела Христова." Ефесянам 4:12

ИСТОРИЯ ВОСЕМНАДЦАТАЯ

ГЕСТАПО, КОСТИ И ПРАВОСЛАВНЫЙ СВЯЩЕННИК

> *"Не бойся, но говори и не умолкай, ибо Я с тобою, и никто не сделает тебе зла, потому что у Меня много людей в этом городе (Деяния Апостолов 18:9-10)."*

Это была моя первая поездка в Россию после падения Берлинской стены. Меня в составе группы христианских педагогов, пригласили провести конференцию для завучей и директоров школ на Дальнем Востоке, в городе Магадан. Мы все с сильным волнением ждали эту поездку, но в то же время опасались ее. Как нас примут коммунисты?

Перед самым приземлением в аэропорту Магадана, стюардесса строгим голосом сделала объявление в пищащий микрофон: *"Мы приближаемся к Магадану. Оставаться на своих местах до полной остановки самолета. Покидая самолет все личные вещи возьмите с собой, в противном случае они будут конфискованы."* Мы, американцы, смотрели друг на друга удивленными глазами. Это, объявление сильно отличалось от тех, что мы привыкли слышать на борту американских и европейских самолетов.

Выглянув в иллюминатор, я увидела, что к самолету маршируют охранники в *"гестаповской"* форме. При виде их автоматов, мне стало очень не по себе. Никто не улыбался ни внутри, ни снаружи самолета. В приветствии не было ни теплоты и ни дружелюбия.

Пассажирам сказали выходить из самолета, садиться в грузовик, который больше напоминал машину для перевоза скота. Наш багаж разместили в том же грузовике, всю дорогу до здания аэропорта мы ехали стоя, всячески стараясь не упасть. Когда грузовик остановился, нам было велено сойти с грузовика, пройти через железные ворота, для дальнейшего досмотра. Но никто не улыбался. Один из американцев потащил мой тяжеленный чемодан на досмотр, его тут же схватил инспектор и тщательно досмотрел. Затем проверили мои документы, пересчитали наличные деньги, и отпустили. Весь процесс был крайне пугающим.

По окончанию досмотра, наша группа села в автобус, где нас ждал гид. Он охотно рассказывал нам историю края, пока мы в течение часа ехали до Магадан. Одним из наиболее значимых фактов для нас иностранцев, был тот факт, что мы едем по длинному шоссе, построенному в коммунистическую эпоху на костях политзаключенных, отправленных на работу в урановые рудники. Заключенных ежедневно переправляли через реку на больших баржах. Затем вели по улицам как врагов народа, тем самым предупреждая жителей города, что они должны подчиниться коммунистическому режиму, если не хотят, чтобы их постигла такая же участь.

Конференция прошла с большим успехом. Нас встретили с распростертыми объятиями. Нашей группе была предоставлена абсолютная свобода делиться не только профессиональными знаниями, но и Евангелием Иисуса Христа. Завучи и директора школ со слезами на глазах спрашивали: *"Почему вы не приехали раньше, не рассказали нам об Иисусе? Мы никогда не знали о Его любви. Это неправильно, что столько лет это скрыли от нас."* Мы в свою очередь пытались объяснить, что приехали при первой возможности, как только пал железный занавес.

Одна из утренних сессий была полностью посвящена показу фильма *"Иисус."* Участники конференции были в восторге, очень внимательно смотрели фильм. Мы были очень вдохновлены тем, какой положительный отклик получил этот фильм.

По окончанию показа в зал ворвался православный священник. Он был в ярости, кричал: *"Что вы делаете?."* Несколько человек из нашей группы в том числе и я, отвели его в сторону, дав возможность выплеснуть свой гнев, задать вопрос о причинах его ярости. *"Вы не должны показывать такие картины, изображающие Иисуса. Люди будут думать, что Он все еще на Земле, и пытаться найти Его. Кроме того, - продолжил он, - я не хочу, чтобы вы раздавали кому-либо Новые Заветы. Никому нельзя давать читать Библию самостоятельно. Они никогда не смогут понять ее. Они должны приходить в церковь, чтобы узнать, что там написано, и мы сможем истолковать это для них."*

Высказавшись священник развернулся и, громко топая, покинул зал. Мы высоко оценили многочисленные выражения благодарности, прозвучавшие из уст участников конференции. Российские преподаватели были особенно благодарны за то, что узнали об Иисусе Христе. Больше всего они ценили предложенный им драгоценный подарок - экземпляр Нового Завета.

Мы были очень рады, что послушали Бога, вняли Его Словам: *"Не бойся, но говори и не умолкай, ибо Я с тобою, и никто не сделает тебе зла, потому что у Меня много людей в этом городе."*

ИСТОРИЯ ДЕВЯТНАДЦАТАЯ

ПУТИ ГОСПОДНИ НЕИСПОВЕДИМЫ

"... быв предназначены к тому по определению Совершающего всё по изволению воли Своей (Ефесянам 1:11б)."

7 января 1993 года - день, когда я, будущая миссионерка, поняла свое признание служить Богу в бывшем СССР. В те дни многие христианские лидеры собрались на встречу в городе Феникс (штат Аризона), где мы планировали обсудить возможность объединения усилий для распространения Евангелия в Восточной Европе. Среди присутствующих был и Дэйв Маркум, совсем еще молодой директор международной миссионерской организации "Тайтус Интернешанал", которая вскоре организацией, поддерживающей мое служение в Восточной Европе. Мы с Дэйвом Маркумом и представить себе не могли, как Бог использует эту встречу для начала нового служения для нас обоих.

До этого времени миссионерская организация "Тайтус Интернешанал" занималась в основном выпуском видеокассет, которые миссионеры использовали для обучения местных лидеров в тех странах, в которых они несли. Вскоре после встречи в Фениксе направление деятельности "Тайтус Интернешанал" изменилось.

После той конференции в Фениксе некоторые жертвователи, поддерживающие служение "Тайтус Интернешанал" запланировали поездку в Одессу. Их пригласили на несколько дней преподавать в только открывшемся в Одессе библейском колледже. Они также планировали принять участие в евангелизационных проектах. Директор колледжа предложил сотрудничество с миссией "Гедеон."

Годы спустя Дэйв Маркум рассказывал: *"Поездка в мае 1993 года казалась катастрофой! Мы застряли в Москве на три дня из-за нехватки топлива в самолете. У нас возникли непредвиденные проблемы с визами, но в конце концов нам удалось договориться о поездке из Москвы в Одессу на поезде, она длилась двадцать пять часов. По прибытии в Одессу мы обнаружили, что запланированное нами служение с мисисией "Гедеон" отменено, так как мы прибыли в Одессу на три дня позже. Поскольку нам пришлось остановиться в одесском санатории, расположенном в непосредственной близости от библейского колледжа, мы познакомились с директором санатория Анатолием, который буквально умолял нас прислать кого-нибудь для обучения многочисленных групп детей из Чернобыля. Когда мы уезжали из Одессы, - продолжал он, - мы знали, что кто-то должен приехать и преподавать этим детям. Сотни детей и подростков в возрасте от девяти до семнадцати лет могли бы обучаться Слову Божьему, группы менялись каждые двадцать один день. Это был поистине призыв из Деяний 16:9-10. Мы не знали, откликнется на это призыв. И все же мы начали молиться о том, чтобы Бог послал Своих избранных работников на это созревшее поле жатвы."*

Вернувшись в США, Дэйв и другие участники той поездки поделились этой молитвенной нуждой с советом директоров "Тайтус Интернешанал." Мой отец присутствовал на той встрече, он вернулся домой с тяжелым бременем. Как раз в то самое время я гостила у родителей, и услышала об этой нужде. Мое сердце сразу же коснулась эта нужда, в душе воцарился необъяснимый мир. В течение нескольких месяцев я много молилась, прося Бога дать мне понять, хочет ли Он, чтобы я служил Ему в бывшем СССР. Я поняла.

Спустя три месяца я собрала финансовую поддержку, ко мне присоединились две выпускницы нашего университета, почувствовавшие Божье призвание. Мы собрали шесть коробок с посудой, и всякой всячиной, купили билеты и отправились в путь. Прошло совсем немного времени, с той встречи в Фениксе. У Бога был Свой план, и определенно Своя цель для той встречи на конференции. И хотя в то время никто не мог понять, что именно Он делает, Он все устроил для Своей Славы. Какому удивительному Богу мы служим!

ИСТОРИЯ ДВАДЦАТАЯ

БОЖЬИ МЕЛОЧИ

"Ибо кто может считать день сей маловажным…(Захария 4:10а)."

Бог призвал меня стать миссионеркой оставить руководящую должность в университете в США, и служить Ему за океаном, в бывшем Советском Союзе. Двери возможности делиться Евангелием Иисуса Христа были широко распахнуты, и мне не терпелось отправиться в путь!

Одна проблема: как человеку, привыкшему жить на солидную зарплату у себя на родине, собрать средства, необходимые для жизни в другой культуре, на другом конце света? Страшно подумать. Теперь я была вынуждена зависеть от щедрости других людей. В этом вопросе мне определенно не хватало веры. У Бога было несколько важных уроков, которые Он должен был мне преподать.

Зная, что у больших и богатых церквей есть деньги, я, как будущая миссионерка договорилась о выступлении в таких церквях. Люди охотно слушали, но деньги не жертвовали. Я молился и молился, но, похоже, безрезультатно.

Однажды меня пригласили выступить в церкви, расположенной в сорока милях от моего родного города. Это было вечернее богослужение в среду, и я знал, что народу будет немного. Тем не менее, я приняла приглашение. Нужно было показать слайды, сделанные во время моих предыдущих поездок в Россию.

В университетской библиотеке было несколько проекторов, когда я пришла, взять в аренду один из них, ни одного не было в наличии. Как я ни старалась, я не могла найти у кого они были на руках. Не оставалось ничего другого, как отправиться в церковь без слайдов. Линда, моя подруга, сопровождала меня в той поездке. По дорогое в церковь, я повернулась к Линде и сказала: *"Все идет наперекосяк. Интересно, разрешат ли мне вообще выступать сегодня, если у меня не будет слайдов? Сомневаюсь, что мы соберем много денег, церковь, как я понимаю, небольшая, мы едим на служение в среду вечером. Ну, может быть, они будут молитвенного поддерживать мое служение. Я надеюсь, что они хотя бы оплатят мои транспортные расходы."*

Приехав в тот маленький городок, мы обнаружили, что церковь собирается в бывшем продуктовом магазине. Кто-то из прихожан, ждавших нашего приезда с удовольствием провел нам экскурсию по недавно отремонтированному зданию. Я заметила, что в основном зале было всего тридцать стульев. Когда прихожане собрались на вечернее богослужение, в зале присутствовало семнадцать человек.

Я извинилась за то, что у меня нет слайдов, но небольшая община, похоже, была достаточно довольна тем, что я рассказал о своих впечатлениях от пребывания в России. Они внимательно слушали и задавали много хороших вопросов. В конце служения, ко мне подошел дьякон церкви и попросил меня обернуться. Это была странная просьба. Оглянувшись назад, я увидела стол, накрытый белой скатертью. Подумав, что сейчас будет причастие, я начала искать место, готовясь к причастию. *"Нет, нет,* - сказал дьякон, - *идите сюда."* Я подошла к столу. Белая скатерть была снята, на столе лежали ноутбук и принтер.

Как же мне нужна была эта техника. Я была потрясен тем, что небольшая церковь преподнесла мне такой щедрый подарок. Но это было еще не все. Мужчина протянул мне чек, он настаивал: *"Посмотрите, что люди пожертвовали вам на миссию."*

Я посмотрела на чек, потом еще раз, и еще раз. Мои глаза расширились от удивления. Да, это была правда. Сумма была написана ровным почерком и совпадала с цифрами - 6600 долларов! В тот же миг я понял истинность Слова Божьего. Я никогда не должна пренебрегать казалось бы маловажными днями. Неважно, будет ли аудитория большой или маленькой, Бог позаботится о том, чтобы все нужды были восполнены для служения, к которому Он меня призвал. Последние десять лет Бог оставался верен по отношению ко мне. Моя вера возросла настолько, что я могу с уверенностью сказать: *"Он всегда будет верен, это Его право выбирать, через кого и при каких обстоятельствах Он прославит Себя."* Божья система ценностей противоположна мирской. Ему нравится брать слабых и глупых, маленьких и неугодных, чтобы проявить Свою мудрость и могущество. Он один заслуживает чести и славы. Давайте же дадим Ему возможность проявить Себя.

ЧАСТЬ ПЯТАЯ

МОЛДОВА, УКРАИНА, РУМЫНИЯ, РОССИЯ

ИСТОРИЯ ДВАДЦАТЬ ПЕРВАЯ

ВСЕ ОТ НЕГО, ИМ И К НЕМУ

"Ибо я знаю, в Кого уверовал, и уверен, что Он силён сохранить залог мой на оный день (2 Тимофею 1:12б)."

Размышляя о том, что Бог сделал за первые десять лет с момента моего отъезда на миссию в бывший Советский Союз, я испытываю неподдельное благоговение, вспоминая много деталей, событий, которые Он так удачно организовал проявив Свою силу и могущество.

Одно из событий я озаглавила бы так: *"Как мне удалось пересечь границу Приднестровья и Украины без визы."* Сегодня мне бы и в голову не пришло пойти на такое.

Помню, когда однажды я ехала из Одессы, микроавтобус подъезжал к украинской границе. Пограничники внимательно изучали мой паспорт, нашли в нем штамп о временной регистрации в Одессе, затем задали вопрос: *"Где ваша виза дающая право на проживание в Украине?."* Я покорно стояла и ничего не говорила. Последовала лекция и строгое предупреждение *"разобраться с этим вопросом в ближайшее время."* Я улыбнулась и любезных поблагодарила офицеров за то, что они разрешили мне проехать границу.

Дальше все было намного серьезнее. Для въезда в Приднестровье необходимо было наличие визы в виде штампа в паспорте. Пограничники ее не нашли. Они продолжили возмущаться на русском языке, а я, мало что понимая, тихо стояла и слушал их тираду. После того, как их ярость прошла, они предупредили, что мне необходимо ехать в Кишинев, чтобы оформить визу. Я любезно поблагодарила за информацию, взяла паспорт и продолжила свой путь в Тирасполь; времени на поездку в Кишинев у меня не было, так как я приехала в Тирасполь только на выходные.

Я никогда не забуду, как автобус с гостями из США во главе с Дэйвом Маркумом, директором "Тайтус Интернешанал", пытался пересечь границу Приднестровья со стороны Украины. Обычно пограничники требовали какую-то денежную плату, но американцы никогда не одобряли взяток. Пока пограничники спорили, как поступить в данной ситуации, один из них заметил стопку Библий. *"Хорошо, - согласились пограничники, - мы пропустим вас, если вы дадите каждому из нас по Библии!"* Мы были в восторге, так как хорошо помнили, как в эпоху коммунизма их могли убить за такой поступок.

В моей памяти навсегда запечатлелось еще одно событие. Я приехала в Приднестровье, однако правила возвращения в Украину из Приднестровья ужесточились, и без визы в Украину никого не пускали. Так как времени на поездку в Кишинев за визой не было. Стоя на воскресном служении в церкви я с беспокойством размышляла: *"Что же мне делать?."*

После служения ко мне подошел молодой человек и предложил: *"Сегодня вечером я отвезу вас через границу на своей машине. Я знаю многих пограничников, и если вы поедете со мной, то я позабочусь о том, чтобы вы без проблем пересекли границу."* Это казалось слишком легким решением, неужели так просто, я согласился, так как у меня не было другого выбора.

После вечернего служения мы сели в машину, молодой человек сел за руль, а на пассажирское место. Мы ехали, пока не показалась граница. *"Господи, помоги нам, пожалуйста!"* -взывало мое сердце. По команде пограничника молодой человек остановил машину и поприветствовал офицера. Его сразу узнали и пропустили. Следующая остановка была перед воротами, которые открывались только после проверки документов. Военный, стоящий на посту увидел молодого человека, улыбнулся ему, открыл ворота и скомандовал: *"Проезжайте!."* Преодолевая препятствия за препятствиями, пока мы с молодым человеком благополучно пересекли обе границы. Какое чудо произошло, и все потому, что я знал молодого человека, который знал пограничников.

Какая яркая картина для христиан. Мы стремительно приближаемся к небесной границе, и каждый день приближает нас к пункту пересечения. Когда мы, наконец, прибудем к границе, должны будем пройти досмотр. Единственная наша надежда - это личное знакомство с Тем, Кто так хорошо знаком с Наивысшей Властью. Никакие другие попытки войти не будут приняты Отцом. Его интересует только одобрение Его Сына, Господа Иисуса Христа. Да, действительно, мы пройдем границу небесного царства, потому что знаем Христа.

ИСТОРИЯ ДВАДЦАТЬ ВТОРАЯ

СНИКЕРС В СНЕЖНЫЙ ДЕНЬ

> *"Щедр и милостив Господь, долготерпелив и многомилостив. Благ Господь ко всем, и щедроты Его — на всех делах Его (Псалом 144:8-9)."*

Прошло несколько месяцев с тех пор, как я с двумя другими миссионерками жила в санатории в Одессе. Мало по малому мы начали привыкать к подъему и спуску по девяти лестничным пролетам, поскольку два крошечных лифта, обычно занимали люди с ограниченными физическими возможностями. Еда, которой нас кормили в столовой несомненно, отличалась от привычной для нас еды, к которой мы привыкли на родине, мы всячески старались приспособится и к этому.

В бетонном здании, из за отсутствия денег на оплату отопления, было холодно. Часто мы кушали в столовой сидя в верхней одежде, шарфах, меховых шапках и перчатках. Нам, американкам было довольно сложно приспособится держать вилку руками в перчатках, но, тем не менее, мы воспринимали все это с чувством юмора, подшучивая друг над другом.

СНИКЕРС В СНЕЖНЫЙ ДЕНЬ

Осознавать, что по утрам, на завтрак, нас будет ждать горячая еда, было весьма приятно. Однако вид картофельного пюре, пережаренной котлеты и половинки соленого огурца, смотрящих на нас в обед, заставляли пересмотреть смысл благодарственной молитвы за еду.

В целом, мы были довольны жизнью. То, что мальчики и девочки, подростки и взрослые приходили ко Христу, помогало смириться с адаптацией к новой культуре. В то время моя вера подвергалась большому испытанию, я прилагала все старания чтобы не роптать, всецело доверившись Богу.

Спустя несколько месяцев отсутствия шоколада, нам захотелось съесть хоть кусочек шоколадной конфеты. Мы попытались найти что-либо связанное с шоколадом в санатории, но ничего не нашли. *"Наверное, надо съездить в центр города"*, - решили мы.

Сев на трамвай, мы отправились в центр города. На улице шел сильный снег, но мы решили противостоять стихии, тяга к шоколады была уж очень сильной. Наконец мы добрались до центра города, и отправились на поиски лакомства.

Магазин за магазином, ларек за ларьком, но шоколада нигде не было. Несмотря на сильный снегопад, мы продолжили поиски решив не сдаваться. Наконец, исчерпав все силы, мы остановились и помолились: *"Господи, это не первостепенная нужда, и Ты это знаешь. Ты сострадателен и часто исполняешь незначительные желания."* Тут мы заметили женщину, сидящую на маленьком стульчике, у бордюра с небольшим столиком перед собой. Она продавала свои товары, невзирая на сильные ветер и снегопад. *"Смотрите,* - воскликнула я, - *я вижу "Сникерс"!".* На этом маленьком, шатком столике лежали самые вкусные конфеты на свете! Бог милостиво ответил на нашу молитву.

Позже, идя по улице держа в руках драгоценный Сникерс, откусывая от вкуснейшего шоколадного батончика с многочисленными восклицаниями *"ох"* и *"ах"*, мы громко восклицали: *"Это, несомненно, самый лучший батончик шоколада на свете!"*

Бог так добр. Мы не заслуживаем Его любви, сострадания и милосердия. Тем не менее, мы - Его дети, и Он с удовольствием одаривает нас Своими благословениями. Наслаждаясь Его щедрыми дарами, давайте помнить Псалом 144:10: *"Да славят Тебя, Господи, все дела Твои, и да благословляют Тебя святые Твои."*

Мы с вами созданы для того, чтобы прославлять Бога, а значит призваны исполнить это предназначение в своей жизни. Давайте прославлять Бога за Его благословения, большие и маленькие. Легко славить Бога за значимое и очевидное. Однако наши отношения с Ним крепнут, когда мы осознаем Его благость в мелочах, в таких незначительных радостях, как удовольствие от шоколадки *"Сникерс"* в снежный день!

ИСТОРИЯ ДВАДЦАТЬ ТРЕТЬЯ

ВРАГИ ПОБЕЖДЕНЫ

"Но Ты спасёшь нас от врагов наших и посрамишь ненавидящих нас (Псалом 43:8)."

В 1994 году, живя в Тирасполе (Приднестровье), я знала, что коммунизм еще имеет силу в этой стране. Повсюду стояли гигантские статуи Ленина, на которых красовались серп и молот. Повсюду ощущалось присутствие четырнадцатой армии, а по улицам гордо расхаживали ветераны в военной форме, украшенной многочисленными медалями и почетными лентами.

Именно в такое время Бог послал западных миссионеров, рассказать простым жителям страны о Христе, о том, как последовать за Ним и жить для Его Славы. В то время основывались новые церкви, организовывались воскресные школы для детей, началось служение в детских лагерях. В летние месяцы проводились библейские клубы по дворам многоэтажек.

В это лето мы с группой молодых людей вооруженные фланелеграфами, куклами, гитарами, воздушными шарами и наклейками, провели много библейских клубов. Мы были очень вдохновленные ходя от двора к двору, видя толпы детей и подростков, ожидающих нашего прихода. Все с удовольствием слушали библейские истории, пели христианские песни и смотрели кукольные спектакли на библейскую тему.

В одном из Тираспольских дворов нас ждали по особенному. Дети приходили рано, иногда ждали часами. Даже если шел дождь, они стояли и ждали. С каждым днем зрителей становилось все больше. Все внимательно слушали библейский урок и с сожалением вздыхали, когда программа заканчивалась. Никто не хотел уходить.

Однажды в том дворе произошло следующее. На сцену вышли несколько орденоносных ветеранов начав кричать на организатор, на нашу команду: *"Убирайтесь отсюда"*, - требовали они. *"Мы не хотим, чтобы американский Бог был на нашей земле!"* Мой переводчик, парень еврей, который еще не принял Христа как Мессию, удивил всех нас. Возвысив свой голос, он уверено возразил: *"Мы говорим не только об американском Боге. Это также Бог России, Приднестровья, Китая и других стран мира! Для всех есть один истинный и живой Бог!"*

Ветераны, привыкшие к почетному уважению были весьма ошарашены таким ответом, прийдя в себе они продолжили: *"Мы сказали, что вы все должны уходить! А теперь собирайте вещи и уходите!"* - кричали ветераны. *"Если вы не уйдете по хорошему, мы вас выведем силой!"* И с этим словами ветераны начали распихивать толпу. *"Господи, помоги нам, пожалуйста"*, - взывала я. *"Мы в беде и не знаем, как поступить в этой ситуации."*

Бог услышал мой жалобный крик, ответив на мою молитву весьма необычно. Услышав суматоху на улице, родители детей, посещающих библейский клуб, начали выходить из своих квартир. Пришло много пап и мам. *"Что вы делаете?"* - спрашивали они ветеранов. *"Мы хотим, чтобы эти сектанты убрались отсюда и побыстрее! Помогите нам избавиться от них"*, - призывали бывшие офицеры. *"Они принесли на нашу землю чуждую религию."*

"Ни за что", - кричали родители. *"Семьдесят три года вы не давали нам возможность узнать о Боге. Вы учили нас, что Бога нет, и

теперь мы не позволим вам повторить эту ошибку с нашими детьми. Уходите отсюда и оставьте нас в покое. Наши дети узнают все, что они могут, о Боге, о Библии. Пусть программа продолжается."

Ветераны с позором покинули сцену, получив сильное сопротивление со стороны родителей. Родители, напротив, остались во дворе, чтобы никто из ветеранов не вздумал вернуться. Теперь не только дети слушали библейские уроки, но и их родители. Бог защитил Своих детей от врагов и сделал так, чтобы Евангелие услышало больше людей.

Бог намного сильнее тех, кто хочет помешать нам, исполнить данное нам повеление: *"Идите и научите."* Иисус Христос, возносясь на небеса, Христос обещал нам: ...". *и се, Я с вами во все дни до скончания века* Матфея." 28:20б . Давайте с уверенностью двигаться вперед, зная, что нет никого, Кто может противостоять нашему Всесильному Богу.

история двадцать четвертая

БРАУНИ И ЧЕРНИЧНЫЕ КЕКСЫ

"Притом знаем, что любящим Бога, призванным по Его изволению, всё содействует ко благу (Римлянам 8:28)."

Меня попросили преподавать в Тираспольском университете, в Приднестровье, на закате эпохи коммунизма. Администрация университета была очень заинтересована в том, чтобы студенты их университета слушали лекции носителя английского языка. *"Какой предмет вы хотите, чтобы я преподавала, как носитель языка?"* - спросила я. *"Абсолютно все равно, на ваше усмотрение"*, - был их ответ. *"Ну, я приехала в Восточную Европу, чтобы преподавать Библию"*, - пояснила я. *"Вы позволите мне это делать?" "Да, что угодно. Лишь бы вы на английском языке!"* - последовал их ответ.

Я пришла на лекцию с Библией в одной руке, с евангельскими браслетами и трактатами в другой. Студенты с удовольствием слушали носителя английского языка. Их также очень интересовало то, что я рассказывала о Библии. *"Мы бы хотели узнать больше"*, - сказали они. *"Может быть, заходите ко мне вечером за чашкой чая с брауни, обсудим все более подробно?"* - предложила я. Моя квартира находилась через дорогу от здания университета.

БРАУНИ И ЧЕРНИЧНЫЕ КЕКСЫ

Я знала, что ко мне в гости решаться прийти только самые отважные. "Брауни? Что такое брауни?" - спрашивали студенты. *"Мы никогда не слышали это слово"* -удивлялись студенты.

"Ну что ж, приходите сегодня вечером. Вы не только узнаете, что такое брауни, но и сможете попробовать их. Если вы любите шоколад, то брауни вам очень понравятся! А еще, в качестве бонуса, я испеку черничные кексы, из продуктов, которые привезла из США," -заинтриговала я их. *"Мы будем!"* - воскликнули ребята.

Я помчалась домой, чтобы напечь гору брауни. Крошечная газовая духовка была не похожа ни на одну из тех, которыми я когда-либо пользовалась, но альтернативы у меня не было. Указатель температуры на духовке показывал градусы по Цельсию, а не по Фаренгейту, к которым я привыкла. Однако, будучи авантюристкой, я решил не отчаиваться. Через час духовка я открыла духовку, и из нее был извлечен большой противень с красивым брауни. Вот это трофей.

К этому времени, чувствуя себя вполне успешной в пекарском деле, я быстро размешала несколько упаковок черничной смеси для кексов. Выложив тесто в форму для кексов, я отправила их в духовку. Время шло быстро, и в следующее мгновение из духовки повалил дым. *"Вот это катастрофа!"* простонал я, глядя на круглые черные шарики. *"И что теперь?"* -тут меня осенила идея. Я знал, что студенты будут чувствовать себя не в своей тарелке, когда только придут. Почему бы не использовать черничные кексы в качестве ледокола? Все бы посмеялись, а потом бы принялись есть брауни.

Студенты пришли. Я не ошиблась они были очень скованны и чувствовали себя весьма неловко. Зная, что делать, я побежал за черничными кексами, чтобы продемонстрировать постигшую меня катастрофу. Все от души посмеялись, это помогла студентам расслабиться. *"А,* - крикнул один из студентов. *"Давайте откроем кекс и заглянем внутрь!"* Смеясь, он достал столовый нож и разрезал кекс пополам. Кекс выглядел великолепно.

Он попробовал кекс: *"Какой вкусный! Попробуйте"*, - подбадривал он ребят. Все потянулись за черничными кексами, вырезали сердцевину и с удовольствием попробовали *"американское пирожное"*. Затем настало время брауни. Вот это был полный восторг.

Вскоре все расселись по комнате. Мы провели замечательное время, обсуждая духовные вопросы. Некоторые из них, не откладывая в долгий ящик, попросили меня рассказать им больше о регулярном изучении Библии. В результате, некоторые из студентов приняли Христа как своего личного Спасителя. Бог определенно использовал брауни и подгоревшие черничные кексы для достижения Своей цели. Так и в нашей жизни. Иногда кажется, что все идет не так. Но Бог всегда контролирует ситуацию и может сделать так, чтобы все сложилось во благо. Давайте доверять Ему, позволив Ему превратить наши неудачи, в трофей Его благодати, помня о том, что Ему принадлежит вся Слава и Честь. В конце концов, не для этого ли Он нас создал?

ИСТОРИЯ ДВАДЦАТЬ ПЯТАЯ

ТЕРПЕНИЕ ТОРЖЕСТВУЕТ

"С терпением будем проходить предлежащее нам поприще (Евреям 12:1б).*"*

Расписание было составлено, команда "Тайтус" направлялась в Приднестровье, входящее в состав Республики Молдова, но претендующее на независимость, планируя провести ряд спектаклей на библейскую тему. Славик, один из пасторов команды "Тайтус", договорился с администрацией государственной школой о проведении пасхальной программы. Все с нетерпением и радостью ждали этой поездки. В микроавтобус были погружены не только театральный реквизит, декорации и костюмы, но и Библией в твердом переплете, евангельские браслеты, брошюры объясняющие значение бусин на браслете. День обещал быть увлекательным.

По прибытии в школу мы разгрузили реквизиты, декорации, все, что привезли ребятам в подарок в актовом зале школы. В стороне от сцены мы сложили коробки с Библиями и пакеты с браслетами, готовые к раздаче. Расставляя декорации, готовясь к спектаклю, мы увидели вбегающую в актовый зал женщину: *"Что вы здесь делаете?"* -гневно воскликнула она. *"Нас пригласили показать пасхальный спектакль, ученикам старших* классов", - ответила одна из нас. *"Ну, если он на религиозную тему, то вам запрещено его показывать. Мы светская страна, и не разрешаем проводить в этой школе никаких религиозных мероприятий. Забирайте свои декорации и уходите!"* - приказала она.

"Прости, а вы кто?" -вмешалась я в разговор. *"Нас пригласили и дали разрешение на проведение спектакля." "Это мы еще посмотрим!"* - пробормотала женщина и со злостью выбежала из актового зала. *"Я - замдиректора, и я запрещаю это делать!."* Как только мы остались одни, мы все встали в круг и начали горячо молиться о Божьем вмешательстве. Нам очень хотелось донести до подростков, многие из которых никогда раньше не слышали Евангелия, истину о Пасхе. Помолившись, команда продолжила подготовку.

Через какое то время замдиректора вернулась и заявила: *"Никакого спектакля на религиозную тему не будет. Забера свой реквизит и уходите!" "Хорошо,* - терпеливо возразила я, - *а как насчет того, чтобы рассматривать этот спектакль как обзор великой литературы. Библия - древняя книга, и многие считают ее литературным произведением. Мы приехали сюда не для того, чтобы пропагандировать какую-то религию, а для того, чтобы инсценировать историю из книги, которая вот уже на протяжении двух веков влияет на жизнь миллионов людей. Разве вы не хотите, чтобы ваши ученики получили знания о этом художественном произведении?" "Надо поговорить с директором школы и узнать его мнение",* - решила женщина. *"Кто пойдет со мной?"*

Славик, решил пойти с замдиректора, и вскоре они вернулись. Вместе с ними в актовый зал вошел и директор школы. *"Начитайте программу, раздавайте книги и браслеты, спасибо, что приехали!"* - сказала директор. *"Мы рады, что вы приехали. И кстати,* - продолжила она, - *я хочу, чтобы Славик приходил ко мне в кабинет два раза в неделю, и проводил занятия по изучению Библии. По-моему, это хорошая книга."*

Спектакль прошел успешно, актовый зал был переполнен учениками старших классов. Они внимательно смотрели спектакль и горячо благодарили нашу команду за то, что мы приехали рассказать историю о Пасхе. Уставшая, но радостная команда "Тайтус" погрузилась в микроавтобус, воздавая хвалу Богу за Его вмешательство в столь сложную на наш взгляд ситуацию. Мы проявили терпение, а Бог сделал все остальное. Порой мы, христиане желая поделиться Евангелием сталкиваемся с трудностями. Сопротивление может быть очень сильным, и ситуация может казаться безнадежной. Однако у нас есть Тот, Кто прошел этот путь и одержал победу. Давайте же не сдаваться, и терпеливо проходить предлежащее нам поприще.

История двадцать шестая

СОН ИННЫ

> *"Во сне, в ночном видении, когда сон находит на людей, во время дремоты на ложе. Тогда Он открывает у человека ухо...чтобы отвести душу его от пропасти и жизнь...(Иов 33:15, 16а и 18а)."*

Инна, искусный повар команды "Тайтус, родилась и выросла в коммунистической семье. Ее отец восхвалял достоинства Сталина. Оба родителя были убежденными атеистами.

Однажды у отца Инны случился сердечный приступ, когда он кормил корову. Скорая помощь не успела приехать в деревню, и он умер. Хотя семья Инны была довольно благополучной, жившей в достатке, со смертью папы, все начало меняться. Инна наблюдала, как дом постепенно начал ветшать, а ее мать начала топить горе в алкоголе. Брат Инны ушел из дома, оставив Инну справляться с ситуацией в одиночку.

Я навестила Инну и ее маму рассказав им о Христе. Инна слушала: *"Странное учение,* - думала Инна - *но весьма привлекательное."* Инна решила делиться услышанным со своими школьными друзьями. Инна даже рассказала о Христе маме своей подруги, страдающей от рака. Инна еще не приняла решение следовать за Христом, но Бог уже работал с ее сердце.

СОН ИННЫ

Когда бабушка Инны сильно заболела, ее привезли к ним домой. Бабушка была при смерти, Инна объяснила ей: *"Бабушка, перед смертью ты должна покаяться в своих грехах."* Бабушка только ответила: *"У меня нет грехов"* -сказала бабушка. В тот же день она умерла.

Однажды ночью, Инне приснился сон. Она увидела себя у Небесных ворот, которые были слегка приоткрыты. Инна посмотрела на свою одежду и с удивлением обнаружила, что она грязная. Неподалеку Инна заметила небольшое озеро. Оно тоже было грязным. На маленьком деревце, растущем у озера, не было листьев. Вдруг Инна услышала во сне голос: *"Посмотри, что я могу сделать!."* Мгновенно одежда Инны стала белоснежно чистой, а грязное озеро - сверкающе чистым, в тот же мгновение на дереве появились свежие листья. Инна расплакалась во сне, и тут же проснулась, почувствовав, что по щекам текут слезы.

В тот же день я приехала в Тирасполь и попросила Инну пойти со мной в церковь. Когда мы ехали в автобусе, Инна рассказала о своем сне. Я объяснила ей: *"Иисус зовет тебя."* Во время служения Инна поняла, как сильно она хочет очиститься от грехов и обрести радость спасения. Тогда она помолилась о том, чтобы принять Христа, как личного Спасителя. Она больше не носила на себе пятен греха. Ее сердце стало белее снега.

Поступив учиться после школы, Инна поселилась в общежитии. Она смело рассказывала о Христе девушкам живущим в общежитии. Ее соседки по комнате часто пытались узнать свое будущее с помощью гаданий на картах Таро. Инна понимала, что это неправильно, и решила, что, когда она увидит, как они достают карты таро, она будет петь песни поклонения в слух. Когда она это делала, руки девушек мгновенно опускались. *"Что происходит?"* - спрашивали девушки. Инна объясняла, что Всемогущий Бог намного сильнее сатаны. Если вы хотите знать свое будущее, вы должны принять Христа как своего

Спасителя. В итоге многие девушки в том общежитии обратились ко Христу.

Вскоре после этих событий Инна встретила Славика, они вместе пели в церковном хоре. Славик был очень впечатлен преданностью девушки Христу. Он сразу решил, что хочет жениться на ней. Не зная, как завоевать ее любовь, он купил себе новую рубашку и галстук, уж очень он хотел произвести впечатление на эту симпатичную девушку. Придя в церковь в новой одежде, Славик встретил Инну спускающуюся по ступенька: *"Славик, мне нравится твоя новая рубашка!"* - воскликнула Инна. Славик потерял дар речи, он просто смотрел на Инна не в состоянии не произнести не слова. Прийдя в себя Славик сделал Инне предложение, она дала свое согласие, став его невестой.

Славик и Инна несут служение в "Тайтус." Славик помогает выполнять некоторые административные обязанности. Инна считает свои служением, работу на кухне. Всякий раз, делая покупки, Инна искренне молиться, и Бог обильно благословляет ее. Вкусные обеды, приготовленные Инной, становятся главным событием дня как для студентов, так и для преподавателей.

Инна и Славик всецело доверяют Богу свое будущее. А пока несут вверенное им служение. Христос, наш пастырь добрый нашел Свою заблудшую овечку в деревенском доме, где родители атеисты вместо своего Бога поклонялись Сталину. Коммунисты подменяли Слово Божье своей идеологией. Бог нашел способ найти Инну, сделав ее частью семьи Божьей. Инна говорит: *"Кровь Иисуса очистила мое сердце, и когда-нибудь я пройду через небесные врата, попаду в распростертые объятия Царя царей! Мой сон станет явью."*

ИСТОРИЯ ДВАДЦАТЬ СЕДЬМАЯ

СОСЕДИ КРИШНАИТЫ

"Потому что наша брань не против крови и плоти, но против начальств, против властей, против мироправителей тьмы века сего, против духов злобы поднебесных (Ефесянам 6:12)."

"Боже, - сокрушалась я, - почему Ты позволяешь мне жить рядом с этими соседями? Мало того, что песнопения, громкий бой барабанов и громогласный проповедник, который постоянно кричит в микрофон в их крошечной квартирке, действуют мне на нервы, так они еще и ересь проповедуют моим студентам."

Перед тем как снять квартиру я горячо молились. Как я радовалась, когда Бог послал мне жилье напротив здания университета. Теперь я могла служить студентам университета - именно той возрастной группе, с которой я работала, будучи профессором в университете в США. Бог ответил на мои молитвы, я была благодарна Ему за это. Однако после того, как я поселилась в квартире на четвертом этаже, в соседнюю квартиру поселились кришнаиты. Тихий четвертый этаж вскоре наполнился шумом, звоном и громкими криками. Бетонные стены ничего не поглощали звук. Казалось, что мои соседи пели в моей квартире. Постоянная шум, песнопения, танцы и бой барабанов казалось сводили меня с ума.

СОСЕДИ КРИШНАИТЫ

Я была знакома с учением движения Харе Кришна. До приезда в Тирасполь (Приднестровье) я изучала мировые религии, намереваясь смело выступить в США против движения "Нью Эйдж" и ему подобных. Я хорошо знала, что Кришна - это индийский бог, верховное божество, которое кришнаиты считали источником всего сущего. Я также знала почему именно последователи Харе Кришна, одетые в длинные белые одежды, неустанно танцуют и поют на улицах и в парках. Песнопения были для них своего рода обращения к Киршне - воззванием к их божеству. Кришнаиты стремятся достичь гармонии с божеством, чтобы вернуться к естественному, чистому состоянию сознания. Сознание Кришны, якобы находящееся внутри нас, желает выйти наружу, как огонь из спички! Мантра - это звуковая вибрация, очищающая сознание, а ее произнесение обеспечивает личный контакт с Кришной, позволяя человеку вести счастливую, возвышенную жизнь.

В один из дней я спускался по лестнице, когда по ней поднимались последователи Харе Кришна. *"Должна ли я поздороваться с ними? Как мне реагировать?"* -задалась я вопросом. Когда они проходили мимо меня, я заметила, что мне тяжело дышать: злая сила была настолько сильна, что буквально лишила меня дыхания. Тогда я вспомнила другой похожий случай произошедший со мной в аэропорту Нью-Дели в Индии. Статуя Будды была установлена в таком месте, что каждый входящий в здание аэропорта вынужден был пройти мимо нее. Я был очарована этой огромной статуей, но по мере приближения к ней интрига быстро сменилась страхом, и в какой момент я поняла, что не могу перевести дыхание. *"Насколько сильны силы зла?"* - подумала я. *"Пожалуйста, Господи, дай мне почему, почему Ты допустил, чтобы у меня были такие соседи"*, - в очередной раз взмолился я. *"Конечно, это должно быть частью Твоего плана."*

Однажды, стоя на коленях перед Небесным Отцом, в глубине своего сердца, я получила ответ: *"Чтобы показать тебе, насколько важно твое свидетельство для окружающих. Ты участвуешь в духовной войне. Ты борешься не против плоти и крови, но против начальств, против властей, против мироправителей тьмы века сего, против духов злобы поднебесных."* Я поняла, и сердце мое успокоилось. Предстоит большая работа, и я не должна отступать. На карту поставлена судьба многих душ, и я должна остаться верной. Шум и грохот за стеной продолжились, я поднялся с колен с новой надеждой. Богу избравшему и призвавшему меня принадлежит вся власть на небе и на земле. Я следую за Ним. Его послание было довольно ясным: *"Иди и проповедуй Евангелие. Иисус Христос есть Путь, Истина и Жизнь. Никто не приходит к Отцу, как только через Христа."*

ИСТОРИЯ ДВАДЦАТЬ ВОСЬМАЯ

МЕШОК КАРТОФЕЛЯ

"Вот, Бог—помощник мой; Ты избавил меня от всех бед (Псалом 53:6а и 9а)."

В те дни в Тирасполе (Приднестровье) прошел слух, что лучше запастись картофелем на предстоящую зиму с осени. Никто не давал гарантию, что картофель будет в продаже по окончанию октября. Я попросила своего переводчика, молодого парня поехать со мной на рынок, чтобы закупить необходимое количество картофеля, запастись на всю зиму. *"Мы должны взять с собой ящик, в который положим купленный картофель"*, -сказал мне мой переводчик. *"А где его взять?"* -спросила я.

"У вас есть большая картонная коробка, которая может подойти", - ответил переводчик. *"Возьмем эту коробку и несколько сумок на колесиках, думаю мы справимся."* Итак, мы отправились на Центральный рынок. В большом грузовике припаркованном у входа в базар, продавец уверял людей стоящих в длинной очереди, что картофеля хватит всем, у каждого будет возможность приобрести нужное количество.

Дул сильный ветер, было холодно. Несмотря на это, мы с переводчиком терпеливо ждали своей очереди. Воспоминания о больших супермаркетах на родине витали в моей голове, как вдруг мои мысли кто-то прервал: *"Следующий!."* Подошла наша очередь. *"Нам нужно 30 килограммов, пожалуйста"*, - сказал переводчик по-русски. *"Где ваш мешок?"* - грубо спросил продавец. *"У нас здесь есть коробка"*, - ответил переводчик. *"Она маловата для 30 кг картофеля, а меньше я не продам!"* - категорично заявил продавец. *"Вам придется купить мешок."* *"А где его можно купить?"* -спросила я. *"Сейчас узнаю"* - сказал переводчик.

На что продавец ответил, что продаст нам один из своих старых потрепанных мешков. Цена была заоблачной, но у нас не было другого выхода. Взяв наш мешок, продавец начал пересыпать картофель из своего мешка в такой же, но уже наш. Процесс оказался довольно сложным, продавец попросил помочь ему и мой переводчик поспешил забраться на кузов грузовика, придержать пустой мешок. Большинство картофеля удачно попало в уже наш мешок, при этом часть картофелин упав на землю рассыпалась в разные стороны. Никто из стоящих в очереди не предложил свою помощь, не желая терять свое место в очереди.

После того как вся картошка была переложена из одного мешка в другой, мы водрузили мешок в сумку на колесиках, и поволокли его к остановке. По дороге, сумка несколько раз переворачивалсь, нам приходилось ловить и мешок и разлетающиеся картофелены, в итоге мы все-таки добрались до остановки. *"Я возьму мешок, а вы держите сумку"*, - распорядился переводчик, увидев приближающийся троллейбус. Он начал снимать тяжелый мешок с картошкой с сумки.

Троллейбус остановился. Он был забит битком. Парень с ворчанием и стоном поднял мешок с картошкой на первую ступеньку троллейбуса. Следом, со сложенной сумку, в троллейбус вошла я. Продолжая стонать, мой переводчик прилагал все усилия, чтобы перетащить мешок с картошкой с первой ступеньки на вторую. Он знал, что двери троллейбуса не закроются, если их не освободить. Он тянул и тянул, но груз был слишком тяжел для него. Я хотела помочь подталкивая мешок, от этого разболелась спина. Пассажиры начали проявлять нетерпение. Они кричали: *"Закройте двери. Нам надо ехать!."* Водитель крикнул в ответ: *"Я не могу их закрыть. На ступеньках что-то мешает закрыть двери."* Наконец во всем этом хаосе откуда не возьмись появилась женщина. Она схватила мешок с картошкой, подняла с первой ступеньки, перетащила на вторую и поставила его на пол. Двери успешно закрылись, троллейбус тронулся и наконец-то воцарился мир. *"Кто это?"* спросил я шепотом у своего переводчика. *"Это деревенская женщина,* - прошептал в ответ переводчик, - *сильная русская женщина!"*

Что вы можете сказать о своей ноше? Не слишком ли она тяжела для вас? Может лучше позволить Богу нести ее за вас? Для Бог нет ноши, не под силу Ему. Он всемогущ, наш Бо всемогущий. Он скорый Помощник. Он может избавить нас от всех бед.

ИСТОРИЯ ДВАДЦАТЬ ДЕВЯТАЯ

КТО ИЗ ВАС БОЛЬШИЙ?

"Иисус, призвав дитя, поставил его посреди них (Матфея 18:2).*"*

В то время кода я жила в Тирасполе, в Приднестровье. Я не только преподавала в университете, но уроки здоровья в младших классах и, что самое удивительно библейские уроки в четвертых классах, в престижной школе номер шесть. Занятия проходили весьма успешно и нравились всем. Больше всего мне нравилось проводить библейские уроки для четвертых классов в большом актовом зале школы. Мне доставляло большую радость наблюдать, как дети рассаживались по местам, перед началом урока, с нетерпения ожидая конца перемены. Фигурки на фланелеграфе, куклы, музыка, элементы драмы - все это делало библейские уроки ярким событием в жизни детей.

Сидя в актовом зале, я часто смотрела поверх детских голов, на улицу, за окном виднелся огромный памятник Ленину. Этот лидер коммунизма всячески пытался искоренить знания о Боге в своей стране. По всей стране были воздвигнуты гигантские мраморные памятники вождю коммунизма. Некоторые из них в виде Ленина сидящего с детьми стоящими вокруг него, подобно изображениям Иисуса и детей, картина так хорошо знакомая мальчикам и девочкам, посещающим воскресные школы в США.

Однако теперь, Ленин был мертв. В той же школе, где когда-то с большим почетом стояли его мраморные бюсты, за тяжелым бархатным занавесом в актовом зале, можно было увидеть грязные тряпки, небрежно брошенные на бюст Ленина. Но это было пол беды, на сцене стояли христиане, читающие Евангелие Иисуса Христа внимательно слушающим мальчишкам и девчонкам. *"Все-таки последнее слово было не за тобой, товарищ Ленин!"* -подумала я.

Неделю за неделей мы преподавали детям библейские уроки. Первые неделю две учителя сопровождали своих учеников, объясняя: *"Мы пришли для поддержания дисциплины."* Поскольку проблем с дисциплиной не было, учителя сказали: *"Нет необходимости в нашем присутствии на ваших уроках, дети ведут себя хорошо, но мы хотим присутствовать, чтобы самим учиться!"* Шли месяцы, и вот, наконец, пришло время провести последний библейский урок в учебном году. Мы тщательно подготовились к нему, хотели, чтобы он был самым лучшим. Кроме того, по окончанию урока детей ждали подарки. Это должен был быть урок.

Буквально до конца урока дети сидели тихо. Затем я сказала: *"Мальчики и девочки, сегодня у нас есть подарки для вас. При выходе из актового зала вам вручат ваш подарок. Может быть, кто-то из вас захочет подождать на своих местах и помолиться, чтобы пригласить Иисуса войти в ваши сердца и стать вашим Спасителем. Если так, то вы можете остаться и получить свой подарок позже."* Дети внимательно слушали. Им было приятно, что они получат подарок. Они знали, что подарок будет хорошим, и с нетерпением ждали, когда его.

"Хорошо, мальчики и девочки. Вы можете идти, забрать свой подарок, но если хотите можете подождать и помолиться, чтобы принять Иисуса Христа", - снова объяснила я. Честно говоря, я ждала, что они сейчас встанут, и гурьбой помчаться за подарками. Я

думала, что только некоторые из них останутся чтобы помолиться. Никто не сдвинулся с места. *"Вы все хотите молиться, чтобы принять Христа как своего Спасителя?"* - спросила я удивленно, не веря своим глазам. *"Да!"* - закричали дети. Мы поделили детей на группы, и буквально все дети помолились приняв Христа как своего Спасителя. Этот был незабываемый момент.

Так же из вас больший? Иисус мог бы ответить Своим ученикам: *"Я среди вас больший."* И это действительно было так. Но вместо этого Он призвал к Себе дитя, поставил его посреди них, сказав: *"Истинно говорю вам, если не обратитесь и не будете как дети, не войдёте в Царство Небесное; так, кто умалится, как это дитя, тот и больше в Царстве Небесном."* Матфея 18:3-4

ИСТОРИЯ ТРИДЦАТАЯ

ДЕНЬ СВЯТОГО ВАЛЕНТИНА У БАБУШКИ ЛОРИН

> *"Да приносят Ему жертву хвалы и да возвещают о делах Его с пением (Псалом 106:22)!"*

Сегодня мы с детьми из интерната семейного типа праздновали День святого Валентина. Они приехали по заснеженным дорогам в Кишинев, в гости к бабушке Лорин, чтобы провести время с нашей командой "Тайтус." Мы замечательно провели время.

Наша команда подготовила хорошую программу на румынском языке, с историей на фланелеграфе, куклами, песнями и т.д. Сегодня мы говорили о ропоте израильтян в пустыне. Мы были очень тронуты, когда на вопрос, что дети взяли для себя из библейского урока, хотя ответы были разными, но самым распространенным был ответ: *"Мы не должны роптать, потому что Бог так добр к нам! Мы должны быть по-настоящему благодарны от всего сердца."*

ДЕНЬ СВЯТОГО ВАЛЕНТИНА У БАБУШКИ ЛОРИН

По окончанию программы мы постарались уделить каждому ребенку особое внимание, проведя с ним личное время. Мы все разошлись по комнатам продолжились игры, общение, сюрпризы. Глаза детей горели от удовольствия, когда их позвали кушать. Стол был накрыт на полу, мы постелили яркую скатерть с гигантскими воздушными шарами, которую я специально купила в США в магазине Доллар Три, раздали всем одноразовые тарелки, с детскими рисунками, тоже привезенные из США, красные салфетки украшенные наклейками в виде сердечек, пакетики с валентинками. На обед у нас была пицца, чипсы и пепси. На десерт - рожок мороженого с двумя разноцветными конфетами M&Ms. Дети были в полном восторге, они едва могли есть. Наверное, это и хорошо, учитывая содержание сахара и жира в этой нездоровой пище, которую они так редко едят.

Все дети получили в подарок игрушки, купленные заранее. Каждому ребенку подарили книгу библейских историй на румынском языке. Дети были очень довольны, теперь к каждого была своя Библия. В течение дня даже шел снег, что создавало уютную атмосферу. Было очень трогательно наблюдать за тем, как члена команды "Тайтус" одевают детей в зимние пальто, шарфы, варежки, сапоги, шапки и т.д., готовя к долгой дороге домой, в село. Объятья, поцелуи на прощание были чудесным завершением дня. Это был замечательный день для нас всех.

Пожалуйста, продолжайте молиться за этих детей. Они активно свидетельствуют своим друзьям в школе и, похоже, любят Иисуса всем сердцем. Они по истине особенные дети. Конечно, у них есть свои проблемы, но Мария и Иван прекрасно справляются с ролью родителей. Они дают детям много любви и дисциплины. Мы также заметили, что дети прибавили в весе, о них очень хорошо заботятся. Работа с сиротами - это особое благословение.

ИСТОРИЯ ТРИДЦАТЬ ПЕРВАЯ

ОТ ПОП ЗВЕЗДЫ ДО СИРОТЫ

"Пред Богом и Господом Иисусом Христом и избранными Ангелами заклинаю тебя сохранить сие без предубеждения, ничего не делая по пристрастию (1 Тимофею 5:21)."

"Идем я покажу вам народный музыкальные инструмент, которые подарил мне Саддам Хусейн после концерта в Ираке", - пригласила нашу театральную группу известный молдавский музыкант, после того, как они закончили представление своей пасхальной программы в одном из танцевальных клубов. Дочь этого мужчины обратилась ко Христу, и теперь была рада, что посредством спектакля Евангелие донесено до ее не спасенных близких и друзей.

Нам не терпелось узнать больше о столь известной личность и его жизни. Однако больше всего нас волновало его духовное состояние и то, какие взаимоотношения у него со Христом. *"Я уже почти готов последовать за Христом"*, - уверял он нас. *"Я всерьез задумываюсь о том, чтобы стать христианином, и поскольку я исполняю национальную молдавскую музыку, то считаю, что, став христианином, я смогу использовать свою музыкальную карьеру, чтобы сделать что-то для Бога"*, - заявил он. Ребята были счастлива, что молитвы его дочери услышаны. У них появилось желание присоединиться к молитве о спасении этого мужчины. То, что этот человек был известным музыкантом, их не волновало. Его вечная судьба имела для ребят гораздо больше значение.

Члены театральной группы "Тайтус" так относились ко всем своим слушателям. Их преданность Христу побуждала их серьезно подходить к тому, чтобы донести до каждого слушателя мысль о самом важном решении в жизни человека- где он проведет вечность. Библейская истина тщательно и четко разъяснялась после каждого спектакля. При этом не имело значения, были ли в зале пожилые люди, маленькие дети, сироты, бедные жители деревень или богатые и знаменитые. Все слышали один и тот же призыв: *Прийди ко Христу, прими Его как Господа и личного Спасителя."*

Мужчина похвалил театральную группу "Тайтус" за профессиональную работу. Он был настолько впечатлен, что пригласил их выступить на телевидении. Ребята понимали, что Христос пришел спасти всех, о смерти, погребении и воскресении Иисуса Христа, должны услышать все от мала до велика. Когда-нибудь мы все дадим Богу отчет о своей верности в провозглашении Евангелия тем, кого Он послал им навстречу. Будь то знаменитые личности, сироты, делящие одну кровать на двоих, пожилые бабушки и дедушки служащие со слезами на глазах, дети, слушающие с восторженным вниманием, или подростки учащиеся в государственных школ. Члены театральной команды "Тайтус" призывали всех слушателей последовать за Христом. Качество и насыщенность программы не зависели от социально и экономического статуса аудитории. Каждая душа была драгоценна в глазах Бога.

Давайте все мы будем верными свидетелями тем, кого Бог посылает в нашу жизнь. Давайте делиться Евангелием без предпочтений и пристрастий.

ИСТОРИЯ ТРИДЦАТЬ ВТОРАЯ

ВСЕ НАЧАЛОСЬ КОГДА...

"Сердце человека обдумывает свой путь, но Господь управляет шествием его (Притчи 16:9)."

Репортер телевизионных новостей была весьма обеспокоена беспризорными детьми, одиноко бродящими по улицам Кишинева. В грязной, поношенной одежде они выглядели голодными и холодными. В суровые зимние месяцы, когда было особенно холодно, беспризорники воровали коврики лежащие у порогов квартир, грелись в люках, спали на трубах теплосетей, надеясь хоть как-то согреться.

Во время одного из интервью она задала детям вопрос: *"Кто-нибудь из вас знает, кто такой Бог?."* Дети безучастно смотрели в ответ, за исключением одного мальчика. *"Я знаю, кто такой Бог!"* -воскликнул он. *"Однажды один человек дал мне немного еды и брошюру с красивой картинкой на ней написано: "Бог любит тебя", в брошюре рассказывается об Иисусе. Я люблю читать ее каждый день."*

"Вот, как мы можем послужить этим детям!" - убеждала меня репортер. *"Как вы думаете, вы лично можете чем-то помочь?"* - обратилась она ко мне. Задумавшись я начала обращаться к разным людям, пытаясь выяснить, есть ли к кого-то из них интерес к такому проекту. Я нашла такого человека. Вдохновленные

стремлением послужить детям улицы мы обратились в государственные органы с просьбой предоставить нам помещение для работы с этими детьми. Как это обычно бывает, все было очень сложно, документы часто терялись, мы сталкивались с кадровыми перестановки и т. д. Спустя шесть месяцев разочарований и волокиты проект, казалось, был обречен.

В это самое время мы, с ребятами из команды "Тайтус" были была приглашена в Теленешты, провести однодневный семинар для преподавателей воскресных школ из близлежащих поселков. Стоял февраль, погода была суровая. На улице лежал снег. В здании школы, где проходило мероприятие, не было отопления. Трубы водопровода замерзли. Присутствующим ничего не оставалось, как сидеть в зимних пальто, меховых шапках и теплых перчатках.

Я никогда в жизни не испытывала такого холода. В буквально смысле слова я дрожала от холода. Я не могла себе представить, как можно выжить в таком холоде. Единственным утешением было ожидание перерыва, во время которого можно выпить чашку горячего кофе, из термоса, который я в последний момент захватила с собой из дома. Наконец, объявили перерыв. Я бросился к сумкам, сложенным под столом в конце аудитории, с нетерпением схватила свой термос. Мне не терпелось насладиться горячим напитком, в надежде хоть как-то согреть свое окоченевшее от холода тело. *"Нет, только не это"* - в ужасе воскликнула я. *"Мой кофе пролился!"* -разгневалась я. Я так ждала кофе последние несколько часов, а теперь все мои надежды согреться рухнули. Ион, пастор и организатор семинара, стоял неподалеку. Сама не зная почему - возможно, подсознательно из-за моей глубокой озабоченности судьбой беспризорных детей в холодное время года, - я резко повернулся к нему и спросила *"Ион, вы когда-нибудь думали о служении беспризорникам."* Ион молчал, на его глаза навернулись слезы, и он тихо ответил: *"Мисс Лорин, я пощусь и молюсь о таком служении. Единственная проблема - это отсутствие денег."*

Получив положительный ответ, мой гнев утих. Я была потрясена водительском Божьим. *"Ион, -*продолжила я, *- если вы готовы взять на себя ответственность за этот проект, я позабочусь о том, чтобы вы получили необходимое финансирование."* Так началось наше служение детям сиротам. Изначально мы планировали открыть приют в Кишиневе, но у Бога были другие планы. Он решил позаботится об уличных детях, в маленьком городке, за девяноста километров от Кишинева.

Строя свои планы, мы всегда должны оставаться гибкими. Бог может позволить нам начать действовать в определенном направлении, но окончательное решение остается за Ним. Именно Он должен вести и направлять наши действия, только в том случае мы можем рассчитывать на Его всецелую поддержку и гарантированный успех. Мы строим планы, а Бог направляет наши шаги.

ИСТОРИЯ ТРИДЦАТЬ ТРЕТЬЯ

СПАСЕННЫЕ ИЗ ПРАХА

"Из праха поднимает бедного, из брения возвышает нищего (Псалом 112:7).*"*

У Бога есть власть над всем и над вся, независимо от мнения царящего в мире, Бог все делает для Славы Своей. Эта истина нашла свое подтверждение в истории двух маленьких мальчиков сирот в Молдове.

Международная миссия "Тайтус Интернешанал" выступила спонсором проекта, в ходе которого были собраны тысячи долларов на строительство здания для интерната семейного типа, для детей сирот, оставшихся по разным причинам на улице. Наконец, наступил тот день, когда детей привезли в приют, чтобы познакомить с их новыми мамой и папой.

Среди них были два брата Виктор и Николай. Их нашли в ужасной нищете в доме бедной старушки, приютившей мальчиков после смерти родителей. Виктор и Николай были рады, что у них наконец-то появится настоящий дом и родители, которые будут с любовью заботиться о них.

Мама Мария и папа Иван заботились о Викторе и Николае, кормили, одевали мальчиков. Живя у старушки они не посещали школу, переехав в новый дом, сразу же были зачислены в школу, чтобы помочь мальчикам догнать школьную программ, им был предоставлен репетитор. Виктор и Николай схватывали все на лету. Но самым большой радостью для мальчиков было осознание, что есть кто-то, кто любит их. Узнав о любви Бога, о том, что Бог так сильно любит их, что оставил Свой небесный дом, умер за них, подарил жизнь вечную. Мальчики очень хотели поделиться этой радостной новостью с другими детьми.

Однажды Николай после школы пришел в церковь со своим одноклассником, который хотел больше узнать об Иисусе. К счастью, там был пастор, который мог подробно объяснить мальчику Евангелие. Виктор, старший брат Николая часто стоит возле калитки их нового дома, с Библией в руках, останавливая проходящих мимо детей и предупреждает, что они должны решить, где они хотят провести вечность - в раю или в аду.

Как, должно быть, радует сердце Бога, желание Виктора и Николая свидетельствовать о Нем, делиться Евангелием с другими. Эти мальчики сироты, извлеченные из "ада", нашли приют в теплом, уютном христианском доме, безмерно благодарны Богу за Его заботу. Нам дано так много благословений, насколько больше мы должны быть благодарны Богу, делится Благой вестью с окружающими? Давайте проявлять такую же верность к Богу, как Виктор и Николай.

ИСТОРИЯ ТРИДЦАТЬ ЧЕТВЕРТАЯ

МОЛИТВА СИМОНЫ

"И всё, чего ни попросите в молитве с верою, получите (Матфея 21:22).*"*

Симону привезли в интернат семейного типа, когда ей было три года. Собраны были необходимые финансы, оформлены последние документы, позволяющие детям проживать в интернате. Мария и Иван, мама и папа интерната были очень рады, что Бог ответил на их молитвы. Они не могли иметь собственных детей, и уже много лет молились, чтобы Бог послал им детей. но У Бога были Свои планы.

Теперь, когда строительство детского дома было завершено, Мария и Иван изъявили желание стать родителями десяти сирот, нуждающихся в семье. После многих молитв, они решили, что это Божья воля, и они с радостью откликнулись на эту нужду. Как радовались дети, обретя теплый дом, вкусную еду, красивую одежду, а самое главное - маму и папу, которые с любовью заботились о них. Вскоре в комнатах зазвучал шум голосов и смех детей, за исключением Симоны.

"Что случилось?" - спросила мама Мария. *"Почему ты такая грустная? "Я хочу куклу, малышку, которую буду любить"*, - ответила Симона. *"Да, у нас нет такой куклы,* - ответила мама Мари, *- но я*

знаю, Кто может нам помочь. Давай помолимся Иисусу и попросим его подарить тебе куклу." Симона не знала, кто такой Иисус, поэтому Мария и Иван объясняли ей то, что, по их мнению, она могла понять в ее возрасте. Симону не надо было долго убеждать в том, что Иисус любит ее и хочет о ней позаботиться. Веря, что Он может исполнить ее просьбу Симона молилась: *"Дорогой Иисус, пожалуйста, пошли мне куклу. Я хочу заботиться о кукле малышке. Пожалуйста, Иисус."*

Через два дня мы с командой "Тайтус" приехали навестить детей. Мы привезли одежду, конфеты, игрушки и другие подарки, которые, по их мнению, должны были понравиться детям. Среди подарков была красивая кукла -младенец. Мы ничего не знали о молитвах Симоны. Все, что мы знали, - это то, что в последний момент перед отъездом в детский дом одна женщина сказала: *"Вот, отвезите эту куклу детям сиротам."*

Раздавая подарки, одна из нас взяв в руки красивую куклу, увидев лицо Симоны, светящееся от предвкушения, радостно объявила: *"А вот кукла для Симоны!."* Маленькая Симона схватила эту куклу, крепко обняла и с огромной радостью посмотрела на маму Марию. Они обе сразу поняли, что Иисус услышал молитву Симоны. Это была одна из первых молитв Симоны, потом будем много других, но она знает точно, что ту молитву она никогда не забудет.

ИСТОРИЯ ТРИДЦАТЬ ПЯТАЯ

ТАЙНОЕ ЖЕЛАНИЕ ФЛОРИКИ

"О горнем помышляйте, а не о земном (Колоссянам 3:2)."

В Молдове, самой бедной стране Восточной Европы, живет маленькая Флорика. Ей восемь лет. Живет она с мамой и тремя сестрами. Ее отец оставил семью, когда Флорике было всего год. С тех пор ее маме и сестрам приходится выживать, бюджет семьи очень ограничен и позволяет покупать только самое необходимое.

На Рождество у меня появилось побуждение дать семье немного денег, чтобы мама могла купить девочкам подарки, те вещи, которые каждая из них очень бы хотела, но на которые не было денег. Когда я рассказала об этой идее старшей сестре Флорике, Оле, она сказала: *"Мы с мамой не имеем ни малейшего представления о том, что девочки хотят получить на Рождество."* *"Ну что ж,* - сказала я, -*есть один способ узнать это. Флорика ждет тебя в коридоре, давай ее спросим."*

Мы с Олей вышли коридор, где нас терпеливо ждала Флорика, пока мы разговаривали в соседней комнате. Флорика не знала, что происходит. *"Флорика, -* спросила я, *- ты готова к*

ТАЙНОЕ ЖЕЛАНИЕ ФЛОРИКИ

Рождеству?" Флорика робко и нерешительно ответила, склонив голову, тихим голосом: *"Да, наверное." "Если бы ты могла получить в подарок на Рождество все что хочешь, что бы ты хотела больше всего?"* - спросил я. И тут же Флорика подняла голову, ее глаза сияли от восторга, и она радостно ответила: *"О, я хочу Библию, мою собственную Библию!"*

"Я и не знала" - сказала Оля. А Бог знал. Он знал тайное желание этого ребенка и позаботился о том, чтобы ее мечта исполнилась. Бог исполнил желание сердца девочки. Как радуется Бог, когда Его дети открывают Ему свои желания. Мы все призваны радовать сердца нашего Отца Небесного, доставляя Ему радость, открывая Ему свои сокровенные желания. Если наше желание угодно Отцу, Он сделает все возможное чтобы исполнить его, даже поставит землю с ног на голову. Чего желает мое сердце?

ИСТОРИЯ ТРИДЦАТЬ ШЕСТАЯ

МИССИЯ МОРГАН

"Здесь есть у одного мальчика пять хлебов ячменных и две рыбки; но что это для такого множества (Иоанна 6:9)?"

Сначала мне пришлось научиться доверять Богу, осознавая, что Он поддерживает мое решение поехать на миссию и Он позаботится обо мне. После того, как этот урок веры был хорошо усвоен, Бог стал учить меня доверять Ему, молиться о финансовой поддержке первого миссионера в Молдове, затем второго, двадцатого. В настоящее время пятьдесят миссионеров получают финансовую поддержку неся служение в стране.

Помимо поддержки миссионеров, были выделены средства на строительство зданий церкви, приюта для детей сирот, института для подготовки и обучения преподавателей Библии, о обо все и не упомнишь. Бог всегда оставался верен.

Еще один важный урок, который я усвоила, - это то, что Бог сам решает, как именно, Он будет восполнять те или иные нужды. Иногда Он действует через тех, у кого много возможностей. В других случаях Бог действует через тех, кто весьма ограничен в ресурсах; во многих случаях Он действует через взрослых, но иногда даже через детей.

Один ребенок, ученик начальной школы, неоднократно жертвовал на приобретение учебных материалов для обучения преподавателей Библии и подарков для детей сирот. Несколько детей, находящихся на домашнем обучении, щедро жертвуют на миссию. Двое детей миссионеров в Японии не раз прислали финансовые пожертвования, и этот список можно продолжать.

Хочу рассказать об одной особенной девочке, через которую Бог прославился особенным образом, в то время она училась в начальной школе. Ее зовут Морган. Я познакомилась с Морган благодаря нашей общей любви к домашним животным. В Молдове в то время сложно было найти лакомства для собак и кошек, поэтому, узнав об этой проблеме в одном из моих электронных писем, Морган постаралась, чтобы следующая группа, приезжающая в Молдову, привезла с собой пакеты с лакомствами для моих собаки и кошки.

На этом история не заканчивается. Морган продолжила жертвовать финансы на миссию. В будущем Морган открыла свой бизнес по уходу за домашними животными. Добросовестной работой и отличным уходом за животными Морган завоевала хорошую репутацию. Ее услуги пользуются большим спросом. Половину вырученных средств Морган жертвует на миссию. Бог благословляет бизнес Морган. Ее любовь к миссии стала прекрасным свидетельством и ободрением для других людей, учащихся делать шаги веры, жертвовать финансы на миссию. Не передать словами нашу благодарность Богу за Морган.

Ученики не думали, что пять хлебов и две рыбки, принесенные мальчиком, спасут ситуацию. Бог думал иначе, и мы все знаем результат. Бог использует то немногое, что мы Ему даем, умножает это и восполняет многие нужды. Давайте позволим Богу решать, как лучше использовать то, что мы Ему жертвуем. Только подумайте, какие огромные дивиденды мы получим когда-нибудь в вечности; современные фондовые биржи с мировым именем, даже не имеют представления об этом.

ИСТОРИЯ ТРИДЦАТЬ СЕДЬМАЯ

УНИКАЛЬНОЕ ИСЦЕЛЕНИЕ

"...и молитесь друг за друга, чтобы исцелиться...(Иакова 5:16б)."

Один из пугающих аспектов жизни в странах третьего мира, где медицинская помощь довольна примитивна, это страх заболеть, попасть в аварию или столкнуться с каким-либо недугом. Медицинский персонал может быть компетентным, но, не имея необходимого оборудования и материалов, он не в состоянии оказать необходимую медицинскую помощь.

Так было и со мной, однажды я проснулась утром в Молдове и обнаружила, что мне трудно работать из-за сильной боли в спине. Это вызвало ссрьезную озабоченность, поскольку я несла ответственность за пятьдесят миссионеров, несущих служение на постоянной основе, помимо этого, вскоре должна была приехать на короткую недельную миссию команда американцев. Нужно было все подготовить к её приезду, а это большая ответственность.

Зная, что молитва творит чудеса, я написала письмо своим друзьям в США с просьбой молиться. Боль не утихала, но народ Божий продолжал молиться. Американцы приехали, полные энтузиазма, готовые приступить к служению. Они привезли с собой корсет и грелки, чтобы немного облегчить мою боль. Они хотя и не избавили меня полностью от боли в спине, но помогли несколько облегчить ее.

В воскресенье утром мы с командой американцев посетили утреннее богослужение в красивой церкви, которую они в свое время помогли построить. Это было хорошее служение, но боль в спине продолжала давать о себе знать. После обеда мы с некоторыми из американцев посетили небольшую сельскую церковь, скромное здание которой скорее напоминало хлев. Прихожане, благочестивые христиане, охотно слушали Слово Божье. Я продолжала справляться с болью в спине с помощью грелки и корсета.

И тут произошла весьма необычная ситуация. Когда пастор, сидевший на другом конце деревянной скамьи, встал, чтобы выйти вперед, готовясь к проповеди, вес скамьи переместился на тот конец, где сидела я. Скамейка начала заваливаться, а я стала падать на бетонный пол. Один из американцев, сидевших позади меня, увидев, что происходит, схватил меня за плечи, не давая упасть на пол, другой схватил скамейку с другого конца и вернул ее в исходное положение.

Во время всей этой суматохи произошло чудо. Когда все волнения улеглись, я обнаружила, что боль в спине прошла - моя спина была исцелена. Бог ценит, когда мы обращаемся к Нему в молитве о своих нуждах, но Ему также приятно отвечать на наши молитвы в Свое время и по Своему видению. Он любит нас и заботится о нас. Бог ждет от нас, чтобы мы воздавали Ему всю славу за то, что Он один может совершить в нашей жизни. Давайте дадим Богу возможность проявлять Себя в нашей жизни по Его усмотрению.

ИСТОРИЯ ТРИДЦАТЬ ВОСЬМАЯ

МЫ МОЖЕМ ДОВЕРЯТЬ ЕМУ ВСЕЦЕЛО

> "*А Тому, Кто действующею в нас силою может сделать несравненно больше всего, чего мы просим, или о чём помышляем* (Ефесянам 3:20)."

Жизнь в чужой стране для миссионерки, с одной стороны, не проста, с другой стороны увлекательна. Постоянно возникают новые ситуации, требующие особой мудрости в их разрешении. Бог дает мудрость, как поступить, и вся Слава за разрешение той или иной ситуации принадлежит только Ему.

Например, Нелли, молодая девушка выросшая в селе, была ответственна за уборку в здании нашего института. Обычно Нелли была весела и исполнена хвалы Отцу Небесному. Но однажды Нелли пришла в слезах. На вопрос, почему она плачет, она ответила: "*Наша корова сломала ногу, и ее надо убить. Корова должна отелиться через два дня.*" Затем она добавила: "*Пожалуйста, помолитесь об этой нужде. Наша семья из двенадцати человек очень зависит от ее молока, из которого мы делаем творог, сыр, масло и т.д. Мы также продаем эти молочные продукты, так зарабатываем немного денег.*"

Никогда раньше я не молилась о корове, я молча попросила Бога помочь проникнуться этой нуждой. Нелли успокоилась, обретя мир и надежду на то, что Бог каким-то образом сможет решить ее проблему. Корова сдохла, теленок тоже, прожив всего два дня. Казалось, ситуация зашла в тупик. Одна женщина, узнав о сложившейся ситуации, прислала нам деньги на покупку другой коровы. Отец Нелли купил другую корову, примерно в два раза дешевле, чем обычно стоят хорошие здоровые коровы. Бонусом к новой корове была новорожденная телочка.

Если прежняя корова давала четыре литра молока в день, то эта - шестнадцать. Бог удивительным образом ответил на молитву. Он заменил *"меньшее"* на *"большее."* Бог любит демонстрировать нам Свою верность.

А как обстоят дела у вас? Доверяете ли вы Богу, когда Он забирает то, что вы считаете столь ценным в своей жизни? Верите ли вы, что Бог силен заменить это чем-то более ценным? Давайте хранить верность Богу, позволяя Ему действовать так, чтобы вся слава и честь принадлежали всецело только Ему.

ИСТОРИЯ ТРИДЦАТЬ ДЕВЯТАЯ

СЛУЖЕНИЕ У МУСОРНОГО БАКА

> *"И сказал им: идите по всему миру и проповедуйте Евангелие всей твари (Марка 16:15)."*

Мы с Мариной отмечали день рождения ее старшей дочери в "Макдоналдсе." Три младшие дочери Марины тоже были приглашены и с удовольствием ели детское меню, играли с игрушками, которые нашли в своих пакетах. Мы все весело проводили время, и Марина отметила: *"За этим столом столько любви и радости!"*

Семья осталась без отца, поэтому Марине и ее дочерям приходится очень бережно распоряжаться финансами. Оля единственная в семье зарабатывает деньги. Выход в кафе - редкое удовольствие, Марина была очень благодарна за мое приглашение отпраздновать день рождения в кафе. *"Пусть Бог благословит вас за вашу щедрость"*, - заметила она. *"О, Он уже благословил меня"*, - ответила я. *"Наблюдение за детьми и их радостью - это большое благословение для меня! Как сказал Иисус, "Блаженнее давать, нежели получать."* *"Вы абсолютно правы"*, - согласилась Марина. - У нас не так много всего, но Бог научил нас, что, когда мы делимся тем малым, *что у нас есть, мы получаем вознаграждение, намного больше того, что сами отдаем. Наши сердца исполняются неописуемой радостью."*

Затем Марина рассказала о том, как Бог побудил ее делиться Евангелием с другими людьми. Когда она и ее дети возвращались с рождественской программы в церкви, держа в руках пакеты с подарками, они увидели беспризорных детей, которые выглядели голодными и совсем не ухоженными. *"Давайте подарим им Рождество",* - предложила Марина своим дочерям. Девочки тут же охотно пожертвовали свои лакомствами во имя Иисуса. Уличные дети, думавшие, что никому нет до них никакого дела, по-настоящему ощутили любовь Иисуса.

"Один из моих любимых миссионерских проектов, - продолжала Марина, - *сварить большую кастрюлю супа, разлить его по банкам, нарезать толстыми ломтями свежий хлеб. Разложив еду в полиэтиленовые пакеты, положить туда же трактат о жертве Христа, отнести и оставить их у мусорных баков, где их могут найти люди, перебирающие мусор в надежде найти хоть какую-то еду. Какое сокровище для них, когда вместо грязного, холодного, вонючего мусора они найдут горячий суп и свежий хлеб. Для нас это большое благословение."*

Какая удивительная женщина! У нее не так много материальных благ, но она отдает все, что может. Как, должно быть, ею доволен Бог. Помните вдову, которая отдала две последние лепты? Иисус был восхищен ее жертвой. Представьте себе, как велика ее награда на Небесах. Ни у кого из нас нет никакого оправдания, у нас всегда есть, чем поделиться с ближним. Пусть мы можем пожертвовать какую-то малую часть чего-то, Бог может умножить этот дар, что является благословением не только для получателя, но и для дарителя. Деля с нами материальные блага, те, кто их получает, с большей охотой слушают нас, когда мы делимся с ними нематериальными богатствами, которые можно найти только в Иисусе Христе.

ИСТОРИЯ СОРОКОВАЯ

ЧУХ-ЧУХ, ЧУХ-ЧУХ...

"Если же у кого из вас недостаёт мудрости, да просит у Бога, дающего всем просто и без упрёков, — и даётся ему (Иакова 1:5)."

Тот, кто так жаждет приключений, должен посетить Восточную Европу и проехать на поезде из Молдовы в Румынию. Путешествие займет ровно одну ночь. Атмосфера, царящая в поезде, напоминает детективный роман. Когда мы хотим немного отвлечься от повседневной рутины, мы начинаем планировать поездку на поезде в Бухарест (Румыния), который отправляется из Кишинева (Молдова) в 17:00 и прибывает в Бухарест около 7:00 утра. Стоимость проезда приемлема, доступна для нашей команды "Тайтус." Мы всегда с радостью ждем этого путешествия.

В каждом купе есть две двухъярусные кровати с ящиком для хранения вещей под нижней полкой. Крошечный столик можно использовать для ужина, если, конечно, не забыть взять еду с собой. Большинство светильников сломаны, лампочки украдены, отчего освещение в вагоне очень слабое, однако его даже сравнивать не стоит с тусклым освещением в некоторых ресторанах в США.

После ужина наступает время заправлять кровати. Матрасы и накрахмаленное постельное белье выдают только тем, кто заплатил за эту дополнительную услугу. Ритм стучащих колес вскоре погружает нас в сон. Но ненадолго, очень скоро наши сладкие сны превратятся в кошмар, когда сонные глаза начнут слепить огромные фонари пограничников. Они ищут нелегальные товары. Часто досматривают багаж, допрашивают пассажиров, давая понять, что все пассажиры находятся под подозрением. Нередко пассажиров высаживают из поезда для более тщательного допроса и/или досмотра. Многие пограничники ищут повод получить взятку, желая пополнить свои карманы за счет пассажиров.

Все документы должны быть в обязательном порядке с соответствующими штампами. Законы часто меняются. И поскольку никто не стремится проинформировать пассажиров о новых законах до начала поездки, это незнание делает путешественников уязвимыми перед законом. Всякий раз мы отправляем в путь, молясь и уповая на Бога. Буквально в каждой поездке нас ждет сюрприз.

Ночное ожидание на границе длится несколько часов, пока вагоны поезда поднимают и меняют колеса. Во времена Советского Союза рельсы в Молдавии были проложены по другой ширине, чем в Румынии, что не позволяло поездам пересекать территорию соседнего государства. Теперь, когда между двумя странами наладились взаимоотношения, необходимо останавливаться и подгонять колеса поезда под соответствующую ширину путей. Это процедура проделывается всякий раз при пересечении границы.

Однажды одна из моих американских друзей, миссионерка, служившая в Будапеште (Венгрия), решила посетить Молдову, добираясь на поезде, идущем из Бухареста. К сожалению, я по своей невнимательности не предупредила Валерию о том, что ей нужна молдавская виза. Это грубое нарушение стало большим инцидентом на границе. Валерию сняли с поезда, отправив под стражу до тех пор, пока она не получит необходимые документы. К счастью, под рукой оказалось шесть бананов, послуживших Валерии перекусами, пока ее друзья добрались до столицы и оформили необходимые документы, получив визу, вернули документы пограничникам. Только после этого Валерия была отпущена на свободу.

В другой раз ко мне в гости приехала Сью, миссионерка из Японии. Желая провести время с Сью, я отправилась с ней в путешествие по Румынии. Слишком поздно выяснилось, что у Сью была одноразовая виза для въезда в Молдову. На границе Сью тоже сняли с поезда, пока она не оформит необходимые документы. К счастью для всех, Сью не восприняла произошедшее в штыки, чувство юмора в подобных ситуациях незаменимо.

В повседневной жизни мы можем столкнуться с ситуациями, к которым совершенно не готовы. Единственный выход - просить мудрости у Бога, при этом просить с верой. Мы научились доверять наши поездки на в Румынию Богу, Он всякий раз споспешествовал нам нам в дороге. Доверившись Ему, мы могли наслаждаться происходящим, ощущая себя в полной безопасности. Отправляясь в неизвестный путь, мы можем быть полностью уверены в том, что Тот, Кто идет с нами, знает весь путь наперед.

ИСТОРИЯ СОРОК ПЕРВАЯ

ЗАМОРОЖЕННАЯ ИНДЕЙКА

"Всё дышащее да хвалит Господа! Аллилуия (Псалом 150:6)."

Джеки приехала в Молдову из США в гости. Это была ее первая поездка в Восточную Европу. Она была в восторге. Не за горами был день благодарения. И хотя в Молдове этот праздник не отмечается, Джеки решила отметить этот праздник на американский манер, приготовить на ужин индейку и другие традиционные блюда.

Мы с Джеки не планировали покупать живую индейку в Молдове, убивать ее и выщипывать перья, как делают во многих семья в США ко дню благодарения. Было решено, что Джеки купит большую замороженную индейку в США, герметично упакует ее, чтобы она оставалась замороженной в течение долгого путешествия через океан. По приезду в Молдову индейку планировалось нафаршировать, запечь и выложить на огромном блюде по центру стола на ряду с другими блюдами в день благодарения.

Это было приключение всей жизни. Сначала индейка должна была пройти таможенный досмотр в США. Этот этап прошел довольно удачно. Затем предстояла пересадка на другой самолет в Будапеште (Венгрия). Джеки с ужасом смотрела в иллюминатор. Большая коробка, в которой находилась индейка, раскололась на части. Казалось, что индейка и другие продукты вот-вот разлетятся по взлетной полосе. При виде происходящего Джеки взмолилась, прося Бога сохранить индейку и все содержимое коробки. Сама она была бессильна что-либо сделать, чтобы исправить ситуацию. Все было в Божьих руках.

Приземлившись в Молдове, Джеки пошла в багажное отделение, чтобы получить свои чемоданы и коробку. К своему удивлению, она увидела, что коробка была хорошо заклеена, хотя и была довольно потрепана. Забирать столь потрепанную вещь было довольно неловко, но выбора не было.

Следующий этап, коробка должна пройти таможенный контроль. Оставалось надеяться, что индейка все еще там. У пассажира, стоящего перед Джеки на таможенном контроле, тоже была коробка, почти такого же размера, как и у Джеки. Таможенники, осмотрев её, сказали, что он должен заплатить налог в размере 600 долларов. Джеки была в ужасе. Сколько ей обойдется таможенный налог? И разрешат ли вообще ввезти индейку в страну? Таможенники, похоже, были очень строги.

Осмотрев помятую, обмотанную скотчем коробку Джеки, таможенники лишь покачали головами и пропустили ее. Казалось, они и близко не хотели подходить к этому хламу! Итак, индейка была доставлена в замороженном виде в целости и сохранности. Через какое-то время птица была запечена и подана к столу с картофельным пюре, бататом, клюквой и другими, продуктами привезенными из США ко дню благодарения. Тот ужин надолго запомнится всем гостям.

Бог определено допустил, чтобы коробка растрепалась, благодаря этому она беспрепятственно прошла таможенный контроль. Бог так благ. Он может прославиться даже через замороженную индейку в потрепанной коробке.

ИСТОРИЯ СОРОК ВТОРАЯ

ДОЖДЬ ПОВСЮДУ, КРОМЕ...

"Илия был человек, подобный нам, и молитвою помолился, чтобы не было дождя…(Иакова 5:17а)."

Была середина лета, на улице было очень жарко. Команда "Тайтус" была занята проведением пятидневных библейских клубов в разных районах города. Программа состояла из веселых песен, увлекательных историй на фланелеграфе и интересных кукольных представлений. День за днем на площадки приходило много людей. Среди зрителей были люди всех возрастов - от малышей до пожилых -, но большинство составляли дети и подростки.

Все с большим удовольствием слушали библейские истории. В конце программы зрители расходились с большой неохотой. *"Пожалуйста, расскажите нам еще!"* - просили дети. Но команде нужно было ехать в другие районы города, где их ждали другие мальчишки и девчонки.

В конце пятого дня знакомства с Евангелием зрителям было предложено помолиться о принятии Христа как личного Спасителя. Каждый член команды брал на себя ответственность за группу людей, объясняя им, как именно обрести Спасение. Затем каждому из присутствующих, решившему последовать за Христом, было предложено помолиться.

В это утро небо было мрачным, зловещие грозовые тучи предвещали сильный дождь. *"Боже, пожалуйста, только не дождь! - молили члены команды, собираясь на молитву перед началом программы. - Только не сегодня утром. Господи, пусть не будет дождя. Сегодня мы хотим предложить детям помолиться, принять Христа."*

Программа началась, дул сильный ветер, небо оставалось темным, но дождя не было. Прошла первая часть программы, а дождя все не было. Кукольный спектакль закончился, пришло время призыва к молитве. Пойдет ли дождь? Начало моросить. Тем не менее, желающие последовать за Христом встали в круг, так образовалось несколько групп. Дождь перестал моросить. Зазвучали искренние молитвы покаяния в то время, как лидеры групп горячо молились, прося Бога о том, чтобы не пошел дождь.

По окончании молитв, когда все собравшиеся начали расходиться, мало-помалу начал идти дождь. Вскоре хлынул сильный ливень. Все побежали в укрытие. Команда, спешно собрав вещи, захватив оборудование, бросилась в укрытие. Их сердца ликовали, Бог ответил на их молитвы. Дождь не начался до тех пор, пока не была произнесена последняя молитва.

Позже члены команды поделились этой историей со своими друзьями. *"Мы молились, и Бог милостиво сдержал дождь! - восклицали они. - Бог такой верный и добрый. Он не позволил дождю идти до тех пор, пока мы не закончили свое дело."* *"Да, это действительно удивительно, - заметили их друзья, - но мы расскажем вам кое-что, что еще больше удивит вас. Вы знаете, что во время вашей программы по всему Кишиневу шел дождь? Единственное место, где не было дождя, - это небольшая площадка, где вы проводили свой библейский клуб!"*

Какое удивительное свидетельство. Бог остановил дождь в той части города, где шел библейский урок, и у людей была возможность обратиться ко Христу. Больше всего Бог желает приобрести сердца людей. Бог, сотворивший небо и землю, несомненно, имеет власть над стихиями земли. В данном случае Он решил ответить на молитвы тех, кто знал Его сердечное желание. В Его Царстве родилось больше детей Божьих.

Давайте, проповедуя Евангелие Иисуса Христа смело просить Бога преодолеть препятствия, удерживающие людей от принятия дара благодати. Мы сражаемся за души мужчин и женщин, мальчиков и девочек. В распоряжении нашего Военачальника вся власть во вселенной. Давайте же уверенно идти вперед, зная, что Отец наш Небесный пожертвовал всем ради спасения погибающих. Бог управляет стихиями земли, наша задача - провозглашать Евангелие.

ИСТОРИЯ СОРОК ТРЕТЬЯ

ПОДУМАЙТЕ О ПТИЦАХ НЕБЕСНЫХ

"Взгляните на птиц небесных: они ни сеют, ни жнут, ни собирают в житницы; и Отец ваш Небесный питает их. Вы не гораздо ли лучше их (Матфея 6:26)?"

Буквально каждый день, я была свидетелем того, как Бог заботится о Своих детях в Молдове. Окно моего кабинета выходило на задний двор, где стояли полные миски с едой для собак. Сначала студенты института и команда "Тайтус" наслаждаются вкусной едой. Затем мама Люба выносит остатки еды на улицу, высыпая их в собачьи миски, собаки тем временем с нетерпением ждут своего часа. Голодные животные едят до полного насыщения и убегают лаять на прохожих, проходящих перед домом. Я же наблюдаю за воробьями, прилетевшими к мискам, чтобы осмотреть остатки еды. Птицы быстро берут пробу и улетают, а вскоре возвращаются с другими воробьями, ищущими, чем бы поживиться. Им нечего было бояться: еды хватит на всех.

Иисус напоминает нам в шестой главе Евангелия от Матфея, что мы гораздо ценнее птиц небесных. Мы можем с полной уверенностью заключить, что если Бог заботится о птицах, то

Он, несомненно, позаботится и о Своих детях. Он наш небесный Отец, и Он не может поступить иначе. Эта истина была хорошо проиллюстрирована жизнью Нелли и Люды К., когда они присоединились к команде "Тайтус." Девушки нуждались в жилье. Найти квартиру в Кишиневе довольно непросто, поскольку условия съема не идеальны. Если хозяин квартиры решит не выполнять условия договора, то квартиранты могут быть выселены в одно мгновение без каких-либо правовых оснований. Мы понимали, что поиск квартиры потребует много молитв.

И мы молились. Поскольку Оля хорошо знала город, я дала ей денег, чтобы она на следующий день, в субботу, отвезла девочек в агентство недвижимости. По крайней мере, агентства обычно старались осмотреть квартиры, и владельцы чувствовали себя более ответственно, выполняя взятые на себя обязательства. *"Попробуйте найти приличную квартиру за 50 долларов в месяц,* - наставляла я Олю, Нелли и Люду, - *может быть, за эту цену ничего подходящего не найдется, но попробуйте, пожалуйста."*

Была пятница, все устали после напряженной рабочей недели. Тем не менее мы все остались для молитвы. Бог знал нашу нужду, у Него было Свое решение этого вопроса. Одна из обязанностей Сережи - выгуливать собак после обеда. В эту пятницу после обеда он взял на поводок восторженную Джесси и энергичную Каштанку. Вскоре все трое отправились на прогулку. Возвращаясь после прогулки, они подошли к калитке, мимо проходил сосед и поприветствовал Сережу. Он задал неожиданный вопрос: *"Вы не знаете случайно кого-то, кому нужна квартира?"* *"Ну, я узнаю"*, - ответил Сережа, опешив от вопроса соседа. Сережа знал о планах девушек искать квартиру на следующий день: *"А сколько вы хотите за нее?"* *"Ну, две комнаты могут служить спальнями, и большая кухня. Тепло и вода включены в стоимость. Квартира меблирована и готова к въезду жильцов. Что касается стоимости, то мы просим 50 долларов в месяц"*, - ответил он.

Зайдя в дом, Сережа сообщил нам радостную новость, он тут же позвонил и договорился о встрече с хозяином квартиры. *"Может ли это быть от Бога?"* - задались мы вопросом. На следующее утро все члены команды "Тайтус" отправились посмотреть квартиру. Всех всё устроило, мы поспешили подписать договор аренды. Более подходящего жилья девушки не смогли бы найти, если бы целый день искали его по всему городу, в агентствах или без них. Действительно, Бог все предусмотрел. *"Бог так благ, - говорит Люда К. - Он даже квартиру дал нам рядом с моей церковью, чтобы я была в шаговой доступности. Я просила Его учесть этот момент, прекрасно понимая, что если Он это сделает, то это будет неплохой бонус."*

Да, Бог исполняет Свои обещания. Он заботится о птицах небесных, а значит обязательно позаботится и о нас. Иисус сказал, что мы гораздо больше птиц небесных. Как мы можем сомневаться в любви и заботе Отца Небесного о Своих детях? Давайте всецело доверять Ему сегодня и каждый последующий день. Наша вера доставляет Ему огромную радость.

ИСТОРИЯ СОРОК ЧЕТВЕРТАЯ

ОН СДЕЛАЛ ЭТО

"Всё могу в укрепляющем меня Иисусе Христе (Филиппийцам 4:13)."

Большинство из вас, несомненно, знакомы с популярной детской сказкой *"Маленький паровозик, который все может."* Помните, как маленький паровозик говорил: *"Я думаю, я смогу"*, пытаясь подняться по крутому склону? Мораль этой сказки в том, что у тебя все получится, если очень постараться. У нас есть современная молдавская версия этой истории, которая произошла несколько лет назад. В то время к нам приехала миссионерская команда из США, чтобы помочь в служении. Сюжеты этих двух историй отличаются тем, что в нашей версии вместо маленького паровозика речь пойдет о большом автобусе.

Команда "Тайтус" и наши гости приехали в новый лагерь пастора Николая в Приднестровье. Мы с удовольствием пообщались с детьми, отдыхающими в лагере, пастором и его помощниками. После работы над проектом нас ждал вкусный обед под огромными тенистыми деревьями. Пришло время загружаться в автобус и возвращаться в Кишинев. Все возвращались в город в хорошем настроении, за исключением нескольких пассажиров, которым нездоровилось. Большинство пассажиров оживленно болтали, рассказывая о своих впечатлениях. Все шло гладко, пока мы не подъехали к крутому подъему.

Водитель автобуса, зная, что для того, чтобы подняться на этот подъем, ему потребуется вся мощь двигателя, начал давить на газ. Он вдавил педаль газа в пол, продолжая переключать передачи с повышенной на пониженную. Велосипедисты, проезжавшие мимо, с удивлением наблюдали за тем, как водитель, используя всю свою мощь двигателя, пытается взобраться на подъем.

Гравий из-под колес летел во все стороны. Автобус поднялся примерно на середину подъема, как вдруг остановился и начал катиться назад. Пассажиры не на шутку испугались, когда водитель направил автобус к обочине, надеясь получить большее сцепление шин с дорогой. На обочине гравия было куда больше, чем на дороге.

Водитель снова выжал полный газ. На этот раз ему удалось поднять автобус на несколько метров вверх по склону. Однако вскоре автобус заглох и начал обратный спуск с холма. Пассажирам становилось все больше не по себе. Лица побледнели. После того, как большинство пассажиров вышло из автобуса, водитель снова сделал рывок, пытаясь добраться до верха. Мало-помалу автобус добрался до вершины, догнав пассажиров, идущих пешком. Раздались крики торжества и аплодисменты.

В тот же момент все внимание переключилось на маму Джо и папу Джона, удобно расположившихся в автобусе. Они не запаниковали, не пожелали выйти из автобуса. Их лица отражали полную безмятежность. Эта семейная пара, абсолютно спокойно сидя в автобусе, добралась до вершины. Они доверяли водителю автобуса, зная, что рано или поздно тот доберется до вершины подъема. Им нечего было бояться. Ликующие пассажиры снова сели в автобус, восхищаясь силой духа пожилой пары, пережившей много трудностей, столкнувшейся со многими проблемами в жизни. Они знали, что главное - двигаться вперед и не сдаваться.

Так и в нашей духовной жизни мы сталкиваемся со многими проблемами, которые кажутся нам непреодолимыми. Мы с вами призваны доверять Тому, Кто обладает мудростью, силой и способностью провести нас долиной смертной тени. Мы не должны бояться. Напротив, мы должны находить покой во Христе, дающем нам силы для достижения всех целей.

ИСТОРИЯ СОРОК ПЯТАЯ

СЛОМАННЫЙ КЛЮЧ

"И поможет им Господь и избавит их; избавит их от нечестивых и спасёт их, ибо они на Него уповают (Псалом 36:40)."

Это довольно пугающая история. Я переехала в Кишинев (Молдова), чтобы начать новое служение. Я была вынуждена уехать из Тирасполя (Приднестровье), так как правительство Приднестровья опасалось, что я агент ЦРУ, прибывший в их регион как разведчик. И хотя это было не так, я никак не могла убедить ни милицию, ни государственные органы в обратном. В итоге, я вынуждена была переехать.

К счастью, в то время у меня гостили два американца, которые охотно помогли мне с переездом. Вскоре все мое имущество было погружено в фургон, и я и мои друзья отправились в Кишинев на новое место жительства.

Квартира находилась на пятом этаже пятиэтажного дома. Поскольку лифта в доме не было, весь скраб пришлось поднимать по лестнице. Преодолевая пролет за пролетом, мы, наконец, добрались до квартиры. Измотанные грузчики с нетерпением ждали, чтобы им открыли стальную дверь.

Каково же было наше удивление, когда мы обнаружили, что в замке сломан ключ. Кто-то пытался взломать дверь до нашего приезда. К счастью, попытка оказалась неудачной. Ключ сломался, дверь открыть не удалось. Все имущество в квартире осталось в целости и сохранности. Наконец, пришел слесарь, ключ был извлечен, дверь открыта. Началась распаковка вещей, я начала привыкать к новой жизни. Осознание того, что кто-то пытался проникнуть в квартиру без приглашения, не давало мне покоя.

Прожив в той квартире несколько месяцев, я ни разу не оставалась на ночь одна. Когда пришло время остаться одной на ночь, у меня не было никакого страха. Как я потом узнала, далеко за океаном в ту самую ночь, когда я осталась одна, моя подруга Дженни почувствовала сильное побуждение горячо молиться за меня. Дженни неустанно молилась обо мне до тех пор, пока в ее сердце не воцарился покой.

Позже, сверив разницу во времени, я поняла, что осталась одна в квартире, в ту самую ночь, когда Бог побудил Дженни молиться обо мне. Я спала спокойно, беззаботно, под защитой своего Отца. В другой раз один из моих друзей спросил детей, игравших во дворе на игровой площадке: *"Не подскажете, как найти пятьдесят седьмую квартиру?"* Дети тут же ответили: *"А, это на пятом этаже в этом доме, вот в том подъезде. Там живет американка. С ней живут несколько человек, но они ушли за покупками, и теперь она дома одна."* Господи, они как будто следили за мной.

Пожалуй, самым жутким был день, когда, вернувшись домой, я обнаружила, что из двенадцати замков моей стальной двери открыты были одиннадцать. Злоумышленнику удалось отпереть все замки, кроме одного, последнего. Бог, безусловно, следил за своим дитем.

Мы даже не представляем, как часто Бог защищает нас без нашего ведома подобно тому, как родители оберегают своего невинного маленького ребенка от бед. Порой ребенок знает об этой защите, и это дает ему уверенность в том, что кто-то сильнее его контролирует ситуацию. У нас есть Небесный Отец, который всегда наблюдает за Своими детьми. Его обещание избавить нас от зла сегодня так же актуально, как и тысячи лет назад, когда эти слова были написаны. Но на нас лежит ответственность всецело доверять Ему.

ИСТОРИЯ СОРОК ШЕСТАЯ

КРАСНАЯ ПИЖАМА

"Услышь, Боже, вопль мой, внемли молитве моей (Псалом 61:1)!"

Галине было всего шесть лет, когда ее отец погиб в автомобильной катастрофе. Она тоже была в той машине вместе с отцом, ее правое плечо было сильно повреждено, и врач рекомендовал ампутацию руки. К счастью, после консилиума врачей было принято решение сохранить руку, и врач заверил маму Галины, что руку можно спасти. Для восстановления функции руки необходимо было пройти долгий реабилитационный период.

Через семь лет мама Галины тяжело заболела и умерла. Галина и ее младший брат были буквально убиты горем. Отчим был алкоголиком и очень жестоко относился к детям. Мама постоянно защищала их от бесчисленных побоев, когда он впадал в ярость. Теперь они были предоставлены сами себе. В семье поселилась женщина, которая ненавидела Галину и ее младшего брата. Вместе "родители", похоже, получали удовольствие от того, что терроризировали детей. Их часто просили уйти из дома во время приема пищи, дети очень часто оставались голодными.

Когда становилось слишком холодно, чтобы ждать на улице, пока "родители" едят, дети прятались в большом шкафу в соседней комнате. По крайней мере, там было тепло. Три года Галина и ее брат жили в этой ужасной обстановке. Однажды их жизнь кардинально изменилась. Одна христианская семья решила взять детей к себе, заботиться о них. Несмотря на то, что семья из пяти человек сама была не богата, Галина и ее брат сполна получали в новой семье любовь и внимание. Они не испытывали недостатка в еде, и их основные нужды были удовлетворены.

В новой семье Галине и ее брату рассказывали об Иисусе Христе, о том, что Он сделал для них, и о том, как сильно Он их любит. Галина почти сразу изъявила желание принять Иисуса как своего Господа и Спасителя. Кто еще заботился о ней так, как Он? Бог привел Галину в команду "Тайтус." Со временем Галина стала лидером румынской театральной команды. Ее служение в команде является для всех нас большим благословением. Ее добрая душа и заботливое отношение не оставляют равнодушными никого.

На Рождество Галина вместе со своим братом и маленькими приемными сестрами подготовила специальную программу. Они планировали показать свое выступление мне, лидеру служения. Дети долго и упорно репетировали, чтобы сделать все идеально. Зная о том, что дети собираются выступать, я купила каждому из них специальный подарок.

Для малышей - игрушки, для брата Галины - плеер. А как же Галина? Что она хотела бы получить в подарок? Я со своей подругой целый день ходила по магазинам и не могла найти подходящий подарок для Галины, как вдруг мы увидели теплые красные пижамы. *"Это то, что нужно! - воскликнула я. - Давай купим одну из таких пижам для Галины!."* Позже, когда подарки были розданы и Галина открыла свой подарок, она очень обрадовалась: *"Как Вы догадались?"* - спросила она. *"О чем?"* - спросила я. *"Откуда Вы знали, что я молилась о красной пижаме? Вы не могли подарить мне ничего, что я бы оценила больше. Я уже давно прошу у Бога красную пижаму. Он так добр ко мне. Позвольте мне помолиться, поблагодарить Его прямо сейчас."*

У Галины особые взаимоотношения с Богом. Мы как команда неоднократно были свидетелями этого. Он добр по отношению к ней, и она Его очень любит. Она действительно видит в Боге своего настоящего Отца. Восемнадцатого мая Галина планирует выйти замуж за прекрасного молодого христианина, инженера. Тимофей очень поддерживает служение Галины, и она намерена продолжать свое служение в команде и после замужества. Мы все рады, что она останется членом команды "Тайтус."

Бог всегда верен, Он всегда слышит наши молитвы. Он обещал, что даже если отец и мать оставят нас, Он не забудет нас. Именно так Он решил поступить с Галиной. Жизнь Галины -это свидетельство Божьей благодати! Мы тоже должны всецело полагаться на Него, в какой бы ситуации мы ни оказались. Бог благ. Чем ближе наши отношения с Ним, тем больше мы Его ценим. Какой замечательный Отец!

ИСТОРИЯ СОРОК СЕДЬМАЯ

ТЫ НЕ УЗНАЕШЬ МЕНЯ?

"Вы - соль земли: Вы - свет миру (Матфея 5:13а, 14а).*"*

Сергей, водитель румынской театральной команды, позвонил Гале, члену команды, ответственной за организацию перевозок, сообщить ей, что решил не ехать на Украину на следующее утро. "Я в замешательстве, - сказал он, - *мой тесть через неделю уезжает в США на ПМЖ. Я должен помочь ему с оформлением документов, и жена не хочет, чтобы я ехал.*" Через некоторое время Сергей перезвонил: "*Завтра я отвезу вас на Украину*", - сказал он.

Когда мы приехали в родное село Гали, где планировали провести предстоящую неделю, разъезжая по разным населенным пунктам с пасхальной программой, Сергей вспомнил, что его старый приятель, которого он не видел лет двадцать, был родом из этого села. "*Интересно, может быть, он все еще живет здесь,* - подумал Сергей.- *Поспрашиваю, пока есть время между спектаклями.*"

В свое время оба мужчины были крепкими, рослыми молодыми людьми, многие их побаивались из-за их телосложения. Когда Сергей наконец нашел дом своего приятеля, он увидел Вову, хилого, худого мужчину, злоупотреблявшего алкоголем и курением. Сергей с трудом узнал своего приятеля, в том, кто сосредоточенно ухаживал за грядками лука в огороде.

Подумав, что какой-то незнакомец пришел за луком, Вова поинтересовался: *"Хочешь купить лук?."* Вова долго и пристально смотрел на мужчину, пока, наконец, в его глазах не появилось удивление. *"Сергей, дружище, Сергей!"* - воскликнул он. Мужчины говорили и говорили, пытаясь вспомнить, что произошло в жизни каждого из них за последние двадцать лет. Сергей рассказал о том, как он когда-то стал членом мафии, а теперь нашел Христа, ставшего его Господом и Спасителем. Его жизнь радикально изменилась. *"Я стал последователем Иисуса Христа"*, - пояснил он.

На второй день их общения Вова признался: *"Я запутался в своей жизни. Я хочу жить так, как живешь ты. Последние две недели я не могу ни спать, ни есть. В моей душе что-то происходит. Ты можешь мне объяснить, что делать?"* Жена Вовы, замдиректора сельской школы, всегда внимательно слушала разговоры мужчин. Она тоже решила принять Христа как своего Спасителя. Вместе они встали на колени и пригласили Его в свои сердца и жизни. После молитвы Вова обратился к жене с вопросом: *"Дорогая моя, как ты могла так терпеливо относиться ко мне все эти годы?" "Мы оба прощены, прошлое ушло и больше не вспоминается. Мы оба - новые творения во Христе"*, - радостно ответила она.

"Ну что? - спросила Галя у Сергея, когда они сели в автобус, чтобы ехать обратно в Кишинев, - *Вы рады, что не отказались от этой поездки?"* Сергей только улыбнулся, кивнув головой: *"Ты знаешь, что я совсем недавно стал христианином, и это первые души, которые мне посчастливилось обратить ко Христу? Моя чаша полна и переполнена!"*

Было много ликования и хвалы за чудеса, которые Бог совершил в жизни многих людей за неделю служения в Украине. Но самой большой радостью было осознание того, что Бог послал Сергея стать *"солью и светом"* в отдаленном селе, где нет даже телефонной связи, чтобы поделиться лучшей вестью в мире - Христос воскрес и хочет спасти всех тех, кто придет к Нему в покаянии, осознании своей греховности. Вова и его жена могут с уверенностью сказать: *"Мы не только узнали ближе Сергея, но, более того, познакомились с нашим новым Другом и Спасителем - Господом Иисусом Христом."*

ИСТОРИЯ СОРОК ВОСЬМАЯ

ПАСХА В МОЛДОВЕ

*"Благословен Бог и Отец Господа нашего Иисуса Христа…
(I Петра 1:3а)."*

Это было утро пасхального воскресенья, наш водитель Ион приехал, чтобы отвезти меня и Сережу, моего переводчика, в село пастора Иона на пасхальное богослужение. Многие пасторы команды "Тайтус" и их общины также будут праздновать Пасху в церкви пастора Иона. Я предвкушала долгожданную встречу с друзьями. Еще одна группа детей-сирот будет присутствовать на служении со своими новыми родителями, что сделает этот праздник еще особеннее.

Ион был очень доброжелателен, и поездка в Теленешть была довольно приятной. Мы наслаждались наступлением весны. На полях резвые ягнята бегали вокруг своих мам. Цветущие вишни и абрикосы украшали дорогу белыми лепестками, сдуваемыми с деревьев прохладным весенним ветром. Нежные желто-зеленые ветви плакучей ивы покачивались в такт песне природы.

Наконец, преодолев огромные ямы, оставшиеся на дорогах после суровой и снежной зимы, Ион и его пассажиры подъехали к красивой новой церкви. Адик и Наташа, родители новой семьи, состоящей из восьми детей-сирот, всей семьёй проделав долгий путь, были уже в церкви. Пятерым из детей не было и шести лет, но, похоже, они не жаловались на столь долгий путь.

Зал церкви быстро заполнился теми, кто пришел отпраздновать воскресение своего Господа и Спасителя. Многие дети уже сидели в хоре и с нетерпением ждали своего выступления. Я заметила, что в хоре участвовали и старшие дети-сироты. Они выглядели здоровыми, счастливыми и весьма довольными. Мария и Иван были хорошими родителями. На лицах детей то и дело появлялись улыбки, когда дети узнавали свою бабушку Лорин.

Меня попросили выступить во время служения. Я передала пасхальные поздравления от друзей из США. Прихожанам было приятно, что о них помнили за океаном. Во время своего выступления я решила поделиться историей Сергея, водителя румынской драматической команды, которому выпала честь, находясь на Украине, привести ко Христу своего бывшего приятеля и его жену.

Слушатели плакали от радости, слушая удивительный рассказ об поразительных деяниях Божьих. Во время своего выступления я не заметила нашего водителя Иона, который сидел в глубине зала и внимал каждому слову. После богослужения дети-сироты и их родители поспешили домой, ожидая моего визита, я пообещала привезти детям спортивный инвентарь, переданный друзьями из США, и, конечно, шоколадных пасхальных зайцев. По дороге домой дети пытались бежать впереди машины, нагруженной подарками.

Сироты из дома Ивана и Марии, увидев баскетбольное кольцо, мячи всех видов и множество скакалок для девочек, были полны радости и восторга. Когда им раздали конфеты и сладости, их "охи" и "ахи" стали достаточной благодарностью за гостинцы. Настало время познакомиться с новыми детьми-сиротами. Это были замечательные близнецы - двухлетние Кристиан и Каталина и еще трое других детей: Юра, Лайда и Тамара. Затем меня познакомили с тремя сиротами, которые до приезда в приют жили в коровнике, Алешей, Марией и годовалой малышкой Николеттой. Наконец, все успокоились, пришло время сфотографироваться, чтобы отправить фотографии тем христианам в США, которые помогли построить этот приют.

Мы с пастором Ионом обсудили размер средств, необходимых для поддержания нормальной работы приюта. Чтобы обеспечить всем необходимым двадцать детей сирот и их родителей, ежемесячно требуется не менее 600 долларов. *"Все, что мы можем сделать, это молиться*, - отметил пастор Ион. - *Мы зависим от Бога."* "Он позаботится! - заверила я пастора Иона.- *Бог всегда был верен в прошлом. Тот, Кто начал в вас доброе дело, будет совершать его до дня Иисуса Христа."* "Да, у нас есть такая надежда и уверенность. *Бог верен и никогда не разочарует нас. Он любит вдов и сирот"*, - согласился пастор Ион.

Пришло время ехать в соседнее село, где мама моего переводчика Сережи ждала нас, чтобы угостить пасхальным обедом. Нам подали свинину, курицу, сырные шарики, картофельное пюре, салаты, помидоры, огурцы, клубничный компот, который неоднократно доливался в стаканы на протяжении всей трапезы. На десерт хозяйка подала большие куски торта, состоящего из двенадцати слоев. Не стоит и говорить, что к концу обеда мы уже лопались по швам.

"Знаете, - сказал Ион, когда мы отправились в обратный путь в Кишинев, - *сегодня утром я слушал Ваше выступление в церкви. Мне была очень интересна история о Сергее. Моя жена была одной из свидетельниц на их свадьбе. А еще на прошлой неделе я помогал тестю Сергея оформлять документы для поездки в США."* Я почувствовала, как по моим рукам побежали мурашки. Как удивительно Бог соединил все воедино. Даже мама Сережи знала обоих водителей.

Она не раз кормила их у себя дома обедом, когда они привозили нас в родное село Сережи.

Мы с Сережей обменялись взглядами, услышав слова Иона. Может быть, Сергей скоро приведет еще одного друга ко Христу? Воистину, Дух Святой действовал в жизни людей, как и обещал Иисус Христос: *"Он прославит Меня, ибо примет от Меня и покажет вам."*

ИСТОРИЯ СОРОК ДЕВЯТАЯ

КУКЛА ИЗ СВЕРНУТОГО КОВРА

"Уповай на Господа, и Он исполнит желания сердца твоего (Псалом 36:4)."

Приближалось Рождество, я спросила маленькую Флорику: *"Если бы ты могла получить на Рождество все, что угодно, что бы ты хотела?"* Флорика без колебаний ответила: *"Библию, русскую Библию."* Она была счастлива, когда получила именно тот подарок, о котором просила. В душе Флорики была еще одна мечта, она очень хотела куклу-малыша. Но когда её спросили о самом заветном желании, она сразу же сказала: *"Слово Божье."* В тот момент мысль о кукле была второстепенна.

Я была весьма поражена тому, что ребенок выбрал Библию в качестве рождественского подарка. Позже во время разговора со старшей сестрой Флорики, Олей, я спросила:

- *Когда у Флорики день рождения?*

Оля ответила, что четырнадцатого июня.

- *Как ты думаешь, что Флорика хотела бы получить в подарок на свой день рождения?* - поинтересовалась я. - *Я бы хотела подарить ей что-нибудь, чтобы доставило ей большую радость.*

- *Ну, если Вы хотите знать, то могу Вас уверить, что, вне всякого сомнения, Флорика мечтает о кукле. Она очень хочет пупса,* - ответила Оля.
- *То есть у Флорики нет кукол?* - удивленно спросила я, с трудом веря, что на свете есть маленькие девочки, у которых нет хотя бы одной-двух кукол.
- *Мама отдала куклу, которая была у Флорики, и, поскольку Флорика очень хочет пупсика, она свернула маленький кусочек ковра, делая вид, что это ее ребенок, кормит, обнимает и укачивает его.*
- *Хорошо,* - улыбнулась я. - *Спасибо за информацию. Можешь быть уверена, что Флорика получит куклу-малышку на своей день рождения в июне.*

Мы с Олей попрощались, каждый пошел по своим делам.

"*Давай заглянем в магазин,* - предложила я своему переводчику Сереже, - *посмотрим, что у них есть из кукол.*"

Мы с Сережей обошли трехэтажный магазин, известный как "*Детский мир.*" Нашли только одну куклу-малышку, которая показалась нам более-менее подходящей. Это была большая кукла с пустышкой. "*Надеюсь, в июне такая кукла еще будет в продаже*", - сказала я довольно громко. Мы пришли домой, но я не могла найти покоя в душе. Я не могла представить ребенка, играющего под видом куклы со свернутым ковром. Это казалось мне абсолютно не нормальным. Если бы она не выбрала Библию в качестве рождественского подарка, у нее бы уже была такая кукла. Я ни за что не стану ждать июня, чтобы подарить ребенку куклу. Я приняла решение и подумала: "*Мне нужен повод, чтобы подарить девочке куклу сегодня!*"

Это было канун Пасхи. "*Сережа!* - воскликнула я.- *У меня есть идея. Давай пойдем, купим двум другим старшим девочкам по фарфоровой кукле, а для Флорики купим пупса. А вечером зайдем к ним домой и скажем, что мы принесли детям пасхальные подарки. Ты согласен?*"

Безусловно, Сережа был согласен, он всегда охотно соглашался на любые спонтанные идеи. Мы отправились за покупками. Сначала купили двух фарфоровых кукол, а потом пробежались еще по нескольким магазинам, чтобы убедиться, что та, в *"Детском мире"*, лучший вариант.

В разговоре с продавцом о кукле, одетой в розовый наряд, выяснилось, что если вставить батарейки и вынуть пустышку, кукла может смеяться, плакать и говорить. Мы были восхищены своей покупкой. Нагруженные тремя коробками с куклами, мы отправились домой к Флорике. Сначала двум старшим девочкам мы вручили их фарфоровых кукол. Они были в восторге. Затем наступила очередь Флорики. Она потеряла дар речи. Это была именно та кукла, о которой девочка так долго мечтала. Кукла выглядела как настоящий ребенок и даже издавала звуки, как младенец. Теперь Флорике больше не нужно было играть с куском ковра, представляя, что это младенец. Обнимая свою малышку, она неоднократно благодарила нас.

Какой счастливой была эта Пасха для Флорики! На Рождество она порадовала сердце Воскресшего Христа тем, что выбрала Библию в качестве рождественского подарка. Теперь, на Пасху, Христос порадовал сердце Флорики, исполнив ее мечту. Сложно передать словами, как много радости принесла эта кукла всем нам.

ИСТОРИЯ ПЯТИДЕСЯТАЯ

ЗВАННЫХ МНОГО, НО МАЛО ИЗБРАННЫХ...

"Как вам кажется? Если бы у кого было сто овец и одна из них заблудилась, то не оставит ли он девяносто девять в горах и не пойдёт ли искать заблудившуюся (Матфея 18:12-13)?"

Русская театральная команды "Тайтус" показывала пасхальный спектакль по всей Республике Молдова и на территории Приднестровья. Бог благословлял их труд, многие люди услышали Евангелие Иисуса Христа. Иногда в аудитории было около тысячи человек, иногда - сотня. Но одно можно сказать точно: команда всегда была готова выступлению перед большой аудиторией.

В один из дней театральная команда посетила одну из государственных школ города Кишинева. Учителя были благодарны команде за то, что они нашли время и представили пасхальную программу для четырехсот детей, учеников этой школы. Многие дети были из неблагополучных семей, родители грубо обращались с ними, не заботились о детях, не интересовались их образованием. Учителя ежедневно сталкивались с необходимостью оказания помощи в выполнении их классных и домашних заданий, а также с необходимостью заботиться о личных нуждах детей.

Команда установила декорации, подготовила необходимый реквизит, костюмы - все было готово к началу программы. *"Это хорошая возможность рассказать детям о том, что есть Кто-то, Кто их очень любит и умер, чтобы спасти их"*, - сказала я, членам команды. Последние несколько минут перед началом программы мы провели в молитве, прося Бога благословить и работать в сердцах зрителей.

Дети и учителя внимательно слушали спектакль. Ученики настолько вошли в роль, что когда Пилат спросил толпу, кого ему распять, они, не задумываясь, выкрикивали свои ответы. Конечно, это была не совсем обычная публика, но программа продолжалась до самого конца. Дети были в восторге от бумажных крестов, которые они быстро научились складывать и разрывать. Они с гордостью вынесли свои крестики с библейскими стихами из зала, чтобы поделиться ими с родными и друзьями. Директор и преподаватели выразили свою признательность и благодарность команде за проведение спектакля. *"У некоторых учителей даже появились слезы на глазах"*, -заметила я.

Позже в тот же день мы отправились на завод, где должны были представить еще одну программу. Ожидалось много взрослых и несколько детей, случайно попавших на завод. Когда мы приехали на завод, в зале никого не было. Через несколько минут появились двое маленьких детей и сели на свободные места. Группа подождала, но больше никто не пришел.

- *Что будем делать? Может, просто взять свои сумки с постановками и реквизитом и уйти? Здесь всего двое детей. Стоит ли устраивать все ради такого малого количества?*

Мы помолились, и решили: *"Если бы Иисус был здесь, разве Он не поделился бы благой вестью с двумя детьми, да впрочем, и с одним? Для Него важна каждая душа. Так и поступим!"* И с этой решимостью театральная команда приступила к нелегкой работе по установке декораций, распаковке реквизита и переодеванию в костюмы.

"К огромному сожалению, большинство работников завода разошлось по домам. Сегодня пятница, люди готовятся к празднованию Пасхи. На заводе осталась только администрация", - сказал представитель завода. *"Для нас нет разницы, сколько человек будет присутствовать в зале, -заверил один из нас представителя.- Мы покажем спектакль одному человеку или сотне, без разницы. Количество зрителей - это не самое главное. Бог заботится о каждой душе. Добрый Пастырь оставил девяносто девять, чтобы найти одну заблудшую."*

Команда показала спектакль четырнадцати присутствующим так, как будто в зале присутствовали тысяча четыреста человек. Пасхальная весть рассказана от всего сердца. Дух Святой делал Свое дело. По окончании программы один из администраторов подошел к команде и сказал: *"Я никогда в жизни не был свидетелем такого яркого представления. Я реально ощутил присутствие Бога, действующего в моем сердце, моя жизнь никогда не будет прежней! Спасибо вам за то, что пришли. Вы потратили свое время, оно было потрачено не зря."*

Так в тот день проявился истинный мотив служения театральной команды "Тайтус", члены команды четко осознали, что каждая душа имеет большую ценность для Бога. Мы тоже должны всегда помнить об этом. Не Христос ли рассказал притчу о том, как добрый пастырь оставил девяносто девять овец, чтобы найти одного маленького ягненка? Разве мы можем поступить иначе?

ИСТОРИЯ ПЯТЬДЕСЯТ ПЕРВАЯ

ЖЕРТВА ВИКТОРА

"Давайте, и дастся вам: мерою доброю, утрясённою, нагнетённою и переполненною…(Луки 6:38а)."

Пятьдесят миссионер команды "Тайтус" в Молдове получают ежемесячную поддержку в размере около 100 долларов. Благодаря этой поддержке миссионеры заботятся о своих семьях и несут служение. Финансы весьма ограничены, на счету каждый цент.

Зная финансовое положение миссионеров, я тем не менее решила обратиться к ним с предложением молиться о том, чтобы в течение ближайших нескольких месяцев Бог послал по 100 долларов, которые они могли бы пожертвовать на новый приют для детей-сирот. Услышав мое предложение-просьбу, служители задумались и решили помолиться об этом. Что они теряют? Я была категорична, 100 долларов, пожертвование на приют, никак не связаны с их поддержкой, они должны были молиться о дополнительных финансах.

После нашей встречи Виктор К., один из миссионеров, которого до прихода ко Христу называли *"малолетним бандитом"*, подошел ко мне и сказал: *"Вот мои 100 долларов."* "О, Виктор, ты же не понимаешь, - сказала я, - я не хочу, чтобы ты отдал мне деньги, *которые только что получил."* В тот день я как раз выдала всем поддержку. *"Ничего страшного, возьмите, пожалуйста, -* убеждал меня Виктор.- *Я верю, что Бог хочет, чтобы я это сделал. Я научился доверять Ему в вопросах финансов два года назад. Разве вы не помните?"* "О чем ты говоришь? - поинтересовалась я.- Что же произошло два года назад, что ты с такой уверенностью готов отдать свою поддержку, зная, что Бог позаботится о тебе?"

Виктор начал свой рассказ: *"Два года назад я был студентом Библейского колледжа. Однажды я пришел в воскресенье в церковь, у меня в кармане было пять леев [около 50 центов]. Это были все деньги, на которые я планировал прожить всю предстоящую неделю. Тем не менее когда во время служения объявили сбор пожертвований, я решил, что должен пожертвовать один лей. Сложность заключалась в том, чтобы придумать, как получить сдачи с пяти леев. Пока я размышлял, как поступить, сокровищницу проносили мимо меня. Я положил пять леев, так и не придумав, как получить сдачу. Сокровищницу понесли дальше."* "Что же было дальше?" -меня заинтриговала эта история. *"Ну, я помолился, спросил у Бога, на что мне жить до конца недели. Не стоит и говорить, как сильно я волновался"*, - ответил Виктор.

"Так чем же закончилась та история, что сегодня ты так уверен в том, что Бог позаботиться о тебе?" -спросила я. *"Именно Вы стали ответом на мою молитву! -* воскликнул Виктор.- *После служения Вы подошли ко мне и сказали, что на предстоящей неделе переезжаете на новую квартиру, и Вам нужна помощь. Я сказал, что буду рад помочь. Вы заплатили мне двадцать долларов за работу, подарили одежду и другие подарки. А прямо перед уходом дали еще пять долларов. В тот день я понял важную истину: Богу можно доверять в вопросах финансов."*

Сегодня Виктор К. - самый жертвенный член нашей команды. Более того, этим летом он и его жена Марина взяли на себя обязательство отдавать Богу двадцать процентов от своей месячной поддержки. Бог продолжает благословлять Виктора снова и снова. Виктор К. с Мариной удовольствием рассказывают окружающим: *"Бог так добр к нам, осыпая нас Своими благословениями, но самый большой подарок из всех, что Он нам дал, это наш маленький сын Максим. Мы ждали его пять лет. Бог благ."*

Есть ли у вас такая вера? Верите ли вы в то, что Богу можно доверять в вопросах финансов? Если нет, то почему бы не испытать Бога, в Малахии 3:10 говорится: "Испытайте Меня, говорит Господь Саваоф…"

ИСТОРИЯ ПЯТЬДЕСЯТ ВТОРАЯ

КОНЕЦ НЕ ИЗВЕСТЕН... ПОКА

> *"Бог же силён обогатить вас всякою благодатью, чтобы вы, всегда и во всём имея всякое довольство, были богаты на всякое доброе дело (2 Коринфянам 9:8)."*

Наши братья и сестры в Молдове сегодня вместе с нами скорбят о гибели мужественных мужчин и женщин, отдавших свои жизни за США, уверяя нас в своей любви и молитвах. Сегодня утром в церкви прошло хлебопреломление. Наибольшее впечатление на меня произвела мысль о том, что Иисус Христос ждет, чтобы отпраздновать с нами Тайную Вечерю. Он пообещал нам, что однажды мы с Ним вкусим хлеб и вино. Разве это не потрясающе? Ей, гряди, Господи.

Сегодня утром перед воскресным служением мы собрались на молитву. Молитвенную группу перед началом служения ведет Сережа. Мы молимся о служении, о нуждах людей, посещающих церковь, о личных нуждах. Бабушка Галина, пожилая женщина, попросила нас помолиться о ее проблеме с глазами. Она почти потеряла зрение. Единственная надежда - операция на оба глаза. Я спросила, сколько будет стоить операция. Она ответила: *"Четыреста двадцать семь долларов. Так дорого, потому что речь идет о хорошем окулисте."*

Зная, что я не могу помочь ей материально, понимая, что для Галины, пенсионерки, живущей на десять долларов в месяц, четыреста двадцать семь долларов - неподъемная сумма, я пообещала молиться. После того, как Сережа поделился с нами размышлением над библейским отрывком, он распределил между нами молитвенные нужды. Я должна был молиться о проблеме с глазами бабушки Галины, а она - о финансах, необходимых для строительства здания нашей церкви, речь шла о двухстах тысячах долларов. Во время молитвы я подумала: *"Какая ирония! Я, американка, молюсь о четырехстах двадцати семи долларах, а бабушки Галина просит Бога о гораздо большей сумме. Как странно! Может быть, у нее больше веры?"*

В любом случае эти нужды не безразличны нашему Богу. Чем закончится эта история? Будет ли бабушка Галина снова видеть? Мы будем ждать, наблюдая, как Бог прославится в каждой из этих ситуаций. Относительно нового здания церкви, пожалуйста, продолжайте молиться об этом.

ИСТОРИЯ ПЯТЬДЕСЯТ ТРЕТЬЯ

ЗАБОТА БОГА О ГАЛЕ

"И будет, прежде нежели они воззовут, Я отвечу…(Исайя 65:24а)."

Преподаватели команды "Тайтус" молились перед встречей со своими студентами в первый день очередной сессии института подготовки преподавателей. Все были взволнованы и с нетерпением ждали начала занятий. Все, кроме Гали. У нее была большая проблема.

У Гали был низкий гемоглобин, она обратилась в одну из клиник, в надежде решить эту проблему. К сожалению, медицинский персонал не всегда внимательно относится к тому, чтобы подобрать правильное лечение в соответствии с поставленным диагнозом. Так несколько лет назад одной женщине, прихожанке церкви Виктора К., выписали какое-то лекарство, она к сожалению, умерла в тот же день, предположительно в результате приема того препарата.

Сегодня с утра Галя не находила себе покоя. Лекарство, которое она приняла накануне, вызвало сильную реакцию. Ее тело стало пунцовым. Мы поняли, что надо что-то делать, пока не поздно. Мама Люба настоятельно попросила меня разрешить Гале добежать до угла улицы, где находилась поликлиника.

Хотя у нее не было нужных документов, но, возможно, ее осмотрят в экстренном порядке. В любом случае попробовать стоило.

Галя с мамой Любой помчались в поликлинику, добежав, увидели в коридоре длинную очередь пациентов, спокойно ждущих, когда их пригласят в кабинет врача. Хотя мама Люба объяснила врачам, что это срочно, Гале сказали, что ей не зайти вне очереди. Ей пришлось ждать своей очереди, как и всем остальным пациентам. Став в конец очереди, она думала о том, как долго ей придется ждать осмотра врача.

Мама Люба была в отчаянии, она обратилась к двум врачам: *"Пожалуйста, примите нас без очереди. Мы дадим каждому из вас 10 леев (около семидесяти центов), если вы примете нас!"* Врачи тут же согласились и поспешно пригласили Галю зайти в кабинет. Люди в очереди были возмущены, они начали повышать голос. Тем не менее врачи осмотрели Галю, сделали уколы и велели прекратить прием препарата, вызывающего аллергию.

"Но что делать с анемией? -с тревогой спросила Галя.- *Мне нужно решить этот вопрос."* Мама Люба достала из сумочки баночку с таблетками железа, которую кто-то дал мне во время моей последней поездки в США, и спросила: *"Что вы думаете об этом?."* Врачи внимательно изучили этикетку и заявили: *"Отлично. Очень хороший препарат. Вам очень повезло. С этими таблетками у вас не должно быть никаких проблем."*

Галя и мама Люба вернулись домой, радуясь, что Бог позаботился о Гале, послав ей необходимое лечение. Он знал эту ситуацию еще до того, как Галя успела помолиться об этом. Велик наш Бог. Он Вездесущий и Всемогущий. Он знает конец истории до ее начала и верен в том, чтобы позаботиться о Своих детях еще до того, как мы узнаем о своих нуждах.

ИСТОРИЯ ПЯТЬДЕСЯТ ЧЕТВЕРТАЯ

О, КАК ЖЕ Я ХОЧУ...

> *"Взгляните на птиц небесных: они не сеют, не жнут, не собирают в житницы; и Отец ваш Небесный питает их. Вы не гораздо ли лучше их* (Матфея 6:26)?"

В тот год в Молдове выдалась холодная и снежная зима. В магазине было практически невозможно купить свежие фрукты, особенно апельсины и мандарины. В один из зимних дней мне так захотелось мандаринов. Даже консервированные мандарины были бы в радость. К огромному сожалению, их тоже не было в продаже. Я вспомнила, как мы радовались, когда приходил контейнер с продуктами из США. Мы буквально разрывали коробки от любопытства, что именно прислали нам друзья. При виде баночек с консервированными мандаринами, я их ловко прятала подальше от любопытных глаз. Почти все остальные продукты я с радостью делила с командой, но баночки с мандаринами принадлежали только мне.

Практически каждый день, когда все члены команды расходились по домам, в доме все затихало, я брала баночку консервированных мандаринов, открывала ее и с наслаждением вкушала

О, КАК ЖЕ Я ХОЧУ…

каждую дольку. Так продолжалось изо дня в день, пока баночки не закончились. Теперь мне оставалось только мечтать. В этот зимний день желание съесть мандарин было непреодолимым. Я решила помолиться и попросила Бога послать мне мандарины или избавить от этого страстного желания. Желание съесть фрукт не пропадало.

Убирая в кладовке, я заметила в дальнем углу на одной из полок маленькую баночку. Заинтересовавшись, что это может быть, я потянулась за банкой. Какой сюрприз! Это была банка консервированных мандаринов. Какой восторг! Бог услышал молитву и исполнил мою просьбу. Кто сказал, что Бог не заботится о мельчайших деталях жизни своих детей? О, как много мы упускаем.

ИСТОРИЯ ПЯТЬДЕСЯТ ПЯТАЯ

ДЕТСКАЯ ВЕРА

"Смотрите, не презирайте ни одного из малых сих...(Матфея 18:10а)."

Время от времени мы получали контейнер из США, наполненный продуктами, материалами, всем необходимым для жизни и служения в экономически бедной Молдове. В тот раз пять американских миссионеров заказали один контейнер на пятерых. Я должна была получить офисную мебель, коробки с одеялами, одеждой и школьными принадлежностями - все самое необходимое для служения.

Судно с контейнером причалило в Одессе (Украина). Несколько недель мы собирали все необходимые документы для доставки контейнера в Молдову. Потерпев неудачу в бюрократической системе, мы наняли агента по работе с таможенными органами. Нанятый агент имел большой опыт работы и посвятил много часов решению этой проблемы, но безрезультатно. Несмотря на многочисленные молитвы, контейнер продолжал стоять в доке в Одессе. Криминальные структуры требовали огромную взятку, категорически отказываясь отдавать контейнер в случае неуплаты взятки. Они даже угрожали убить агента, если он не решит вопрос уплаты взятки.

Тогда я вспомнила, что Бог часто отвечал на молитвы детей, тем самым прославляя Свое имя. Я срочно села писать своей сестре Гвен, которая в прошлом тоже была миссионеркой. В то время она преподавала в христианской школе во Флориде, работая учителем начальной школы. Конечно, она меня поймет. Гвен сразу откликнулась, объяснила ситуацию своим ученикам. Они с готовностью начали молиться о разрешении проблемы, будучи абсолютно уверены, что Бог ответит им. Перед уходом домой Гвен дала каждому ученику по маленькой бутылочке шампуня и попросила, придя домой, положить бутылочку на видное место. Попадаясь на глаза, бутылочка будет напоминанием о необходимости молиться. Дети с удовольствием это сделали.

Когда Гвен написала мне сообщение о своей идее с бутылочкой шампуня, я с уверенностью объявила всем: *"Теперь вопрос контейнера будет решен!."* Буквально через несколько дней мне позвонили и сообщили радостную новость: *"Контейнер уже на пути в Кишинев!"* И в Молдове, и во втором классе христианской школы во Флориде царило ликование.

Если вы молитесь о чем-либо, но не получаете ответ на свои молитвы, попросите детей помолиться о вашей нужде. Мы неоднократно были свидетелями того, как Бог чтит веру ребенка, отвечая на молитвы детей.

ИСТОРИЯ ПЯТЬДЕСЯТ ШЕСТАЯ

ВЕРА КОЛИ ВОЗНАГРАЖДЕНА

"А без веры угодить Ему невозможно…(Евреям 11:6а)."

Члены команды команды "Тайтус" попали в аварию, в результате чего у некоторых из них диагностировали сотрясение мозга, у остальных другие травмы. Бог смилостивился над нами, никто не погиб, никто не получил серьезных травм. В течении месяца ребята, пройдя реабилитацию, полностью восстановили свое здоровье, вернулись к служению.

Спустя месяц, некоторые из членов команды впервые вышли из дома. Несмотря на ощутимую слабость, мы были рады снова быть вместе. Помимо обычного театрального служения, преподавания, я решила начать новый проект - построить приют для детей-сирот. Для строительства приюта необходимо было собрать много денег.

"У меня есть идея , - объявил я команде,- *в ближайшие несколько месяцев нам нужно собрать около пятидесяти тысяч долларов. Почему бы нам не начать молиться о том, чтобы собирать по пять тысяч долларов в неделю? Через десять недель мы соберём необходимую сумму."* Едва окрепшие после аварии члены команды уставились на меня. Мне всегда приходили в голову невероятные идеи, но эта была просто из ряда вон выходящей. При поддержке в сто долларов в месяц, которую получали миссионеры, как можно говорить о сборе пожертвований в размере пять тысяч долларов в неделю? К тому же пять тысяч долларов необходимо было собирать каждую неделю в течение десяти недель. Казалось, что я все еще страдала от последствий сотрясения мозга.

Отнюдь, я была настроена весьма серьезно, поэтому за каждым из членов команды была закреплена определенная неделя. Проходили неделя за неделей, члены команды становились свидетелями удивительных и невероятных событий. Бог отвечал на наши молитвы, и к концу каждой недели мы собирали необходимую сумму. Ребята были поражены, их вера росла день ото дня. Наступила неделя Коли. Он молился и ждал, в течение недели пожертвований почти не поступало. Неделя подходила к концу, собрана была половина всей суммы. На следующий день у Коли был день рождения, но о праздновании дня рождения он думал в последнюю очередь. Он горячо молился о деньгах.

Вечером я получила сообщение из США, в котором мне сообщили, что необходимая сумма будет выслана. *"Как бы отметить день рождения Коли? -подумала я.- Я обрадую его, сообщив ему радостную новость на следующий день, а не вечером."* На следующий день мы как обычно собрались с командой. По последней информации было известно, что недостает более половины суммы. Коля знал, что у него остался всего лишь один день, чтобы увидеть, ответ на свои молитвы. Сидя в ожидании начала празднования своего дня рождения, Коля был весьма серьезен и очень задумчив.

- *Коля, ты знаешь сколько недостает денег, до поставленной цели?"* - спросила я.

- *Да знаю, мне необходимо больше молиться, если я хочу уложиться в срок*, - ответил он.
- *Как ты планируешь это делать?* - поинтересовалась я. - *Неделя уже почти закончилась, а денег недостает.*
- *Ну,* - ответил Коля, - *я не волнуюсь. Я молился, и Бог дал мне понять, что Он позаботится обо всем. Все будет просто замечательно.*
- *Но, Коля,* - продолжила я, - *посмотри на цифры. О чем они тебе говорят?*
- *Я не отчаиваюсь. Я доверяю Богу. Бог даст, в этом я полностью уверен.*

Впечатлившись Колиной верой, я вручила ему поздравительную открытку, на которой было написано: *"С днем рождения, Коля. Деньги, которые должны были быть собраны на этой неделе, были пожертвованы. Велика вера твоя. Вся Слава Богу."*

Бога определенно огорчает скудость нашей веры. Библия учит нас в Послании к Евреям 11:6, что Бог вознаграждает тех, кто верит Ему. Давайте же ежедневно доверять Ему наши нужды, позволяя Ему проявлять Свою силу. Воздавая Ему честь и Славу.

ИСТОРИЯ ПЯТЬДЕСЯТ СЕДЬМАЯ

ОЛЯ, ТРУЖЕНИК НА НИВЕ БОЖЬЕЙ

"Итак молите Господа жатвы, чтобы выслал делателей на жатву Свою (Матфея 9:38)."

Нам очень нужен был переводчик с румынского языка. Команда "Тайтус" написала учебную программу из пятидесяти библейских уроков для детей и подростков на русском языке. Кроме того, было написано и записано на пленку 50 песен на русском языке, а еще множество материалов для воскресных школ и сценариев кукольных спектаклей. В церквах с радостью пользовались нашими материалами, выражая глубокую благодарность за хорошо выполненную работу.

В одном был недостаток, миссионеры команды "Тайтус" до сих пор не имели материалы на румынском языке. Они обратились к команде "Тайтус" с огромной просьбой перевести все материалы на румынский язык. Мы начали искать переводчика, с которым мы могли бы договориться о переводе на взаимных условиях. Мы решили молиться об этой нужде, открывая программу подготовки преподавателей воскресных школ, мы предлагали материалы только на русском языке.

ОЛЯ, ТРУЖЕНИК НА НИВЕ БОЖЬЕЙ

Прошло совсем немного времени, и мы поняли, что присутствие тридцати взрослых человек в небольшой четырехкомнатной квартире требует постоянного поддержания чистоты. Важно было найти добросовестного человека для этого служения. У нас уже был неудачный опыт с женщиной, которая несколько раз воровала вещи. Ее уволили, вакансия была открыта.

Коля, один из членов нашей команды, предложил на эту должность Олю. Она посещала его церковь, и он уверял нас, что она хорошая, добросовестная христианка, молится о том, чтобы найти работу. Мы решили пригласить Олю, и как же мы рады, что сделали это. Оля пришла, быстро и ответственно взялась за выполнение всех поставленных перед ней задач по уборке: от чистки ковров до мытья полов. Она была тихой и спокойной, мы все находили ее весьма приятной.

Однажды, когда мы в очередной раз молились о необходимости перевести песни на румынский язык, кто-то предложил обратиться к Оле. Она пела в небольшой группе прославления в своей церкви и была довольно способным музыкантом. На следующий день я подошла к Оле с вопросом: *"Оля, как ты думаешь, могла бы ты перевести пятьдесят русских песен, которые мы написали, на румынский язык?"* "Я могу попробовать, - ответила Оля, - *с Божьей помощью."* Оля взяла русскую кассету и через несколько дней пришла ко мне с новостью, что перевела уже семнадцать песен. Это было удивительно, так важно было сохранить смысл песни, а согласовать слова и музыку довольно сложно. Однако у Оли это получилось. *"С Божьей помощью"*, - сказала Оля с улыбкой.

С тех пор Оля перевела на румынский язык все песни, весь учебный план, сценарии и материалы для занятий. На сегодняшний день все материалы "Тайтус" доступны на обоих языках. Это радует не только русскоязычных, но и румыноязычных христиан. Иисус сказал нам, что делать, когда у нас есть нехватка тружеников на ниве Божьей. Он, безусловно, восполняет эту нужду. Давайте не забывать молиться о том, чтобы Бог послал тружеников для осуществления плана Божьего по приведению многих душ в Его Царство.

ИСТОРИЯ ПЯТЬДЕСЯТ ВОСЬМАЯ

КЭТИ БЭТ СПАСАЕТ ПОЛОЖЕНИЕ

"Господом утверждаются стопы такого человека, и Он благоволит к пути его (Псалом 36:23)."

В Молдове стояло лето, погода была жаркой, но в городе Теленешты царило оживление. Приехала группа американцев, чтобы помочь команде "Тайтус" провести летнюю площадку для детей и подростков в этом городе.

Среди американцев были семилетняя Кэти Бет, ее старший брат Джонатан и близкая подруга Шеннон. Дети приехали вместе с родителями и другими взрослыми, чтобы помочь в проведении площадки, отвечать за проведение рукоделия, спортивных игр и т. д. Команда "Тайтус" отвечала за проведение библейских уроков.

Первые несколько дней все шло хорошо. Жители города узнавали о лагере, и с каждым днем на площадку приходило все больше и больше детей. Трудно было кому-то отказать, хотя места были весьма ограничены. Все прекрасно проводили время, и Бог начинал свою работу в жизни детей.

КЭТИ БЭТ СПАСАЕТ ПОЛОЖЕНИЕ

Тут в один из дней появился инспектор, он осмотрел помещение, убедился, что о детях заботятся должным образом. Конечно же, он обратил внимание на свежие булочки и фруктовый сок, которые раздавали детям по утрам, на вкусный горячий обед, который планировалось подать в полдень. Что он мог сказать? Инспектор не симпатизировал церкви, он вынужден был найти причину, по которой можно было бы закрыть площадку, пока такой не нашлось. Спустя какое-то время, он сообщил, что площадка должна быть закрыта. *"На каком основании?"* -спрашивали мы в недоумении. *"Вы подаете детям обед в посуде, изготовленной в Турции, а не в Молдове, - заявил инспектор. - В посуде могут содержаться вещества, вредные для здоровья детей."*

После вердикта инспектора мы поспешили в актовый зал, чтобы перед закрытием рассказать детям план спасения. Мы хотели быть уверены, что они знают, как именно попасть на небеса. Тем временем пастор Ион находился в столовой и умолял инспектора изменить свое решение. Ион утверждал, что на площадку приходит много детей, которые недоедают дома. Инспектор прекрасно знал об этом.

В этот момент в столовую зашла Кэти Бет. *"А это кто?"* - спросил инспектор. *"Это Кэти Бет, одна из наших американских гостей. И, кстати, она тоже ест из этой посуды"*, -ответил Ион. *"Ну что ж, - сказал инспектор, - если американцы едят из этой посуды и никто не заболел, я думаю, что могу дать вам разрешение продолжить проведение площадки. Удивительно, что американцы приезжают сюда, чтобы помочь нам, и живут в тех же условиях, что и мы."* Все еще качая головой в недоумении, инспектор поднялся со стула, пожал руку Иону и вышел. Площадка продолжилась, в результате чего многие дети обратились ко Христу. Бог позаботился об этой ситуации.

Никогда не знаешь, как и когда Бог будет использовать каждого из нас. Действительно, Он руководит нашими путями. Мы все убеждены, что если бы Кэти Бет не вошла в столовую в тот момент, проведение площадки бы запретили. У Бога были другие планы, и Ему было угодно распорядиться шагами ребенка в тот день, чтобы исполнить Свой чудесный замысел. Давайте всецело отдадим себя в руки Божьи, позволим Ему распоряжаться своей жизнью. Кто знает, что Он совершит сегодня в вашей жизни, если вы позволите Ему направлять ваши стопы.

ИСТОРИЯ ПЯТЬДЕСЯТ ДЕВЯТАЯ

В ПОИСКАХ ПЕРЧАТОК

"Просите, и дано будет вам; ищите, и найдете…(Матфея 7:7а)."

Соня, одна из членов команды "Тайтус", была очень подавлена. Она только что получила известие о том, что у ее матери рак, и операция была единственной надеждой на то, что мама проживет еще несколько месяцев. Семейный врач порекомендовал ей опытного хирурга, специализирующегося на операциях для онкобольных. Визит к врачу был следующим шагом.

*"Вы должны купить в аптеке все, что необходимо для операции, по моему списку, -*сказал хирург. *- Это нужно сделать как можно быстрее, если вы хотите, чтобы я оперировал."* Поскольку Соня жила в Кишиневе, семья решила, что именно она займётся покупкой всего необходимого для проведения операции. Соня бегала из одной аптеки в другую, покупая лекарства, марлевые повязки, скальпель и т.д. Несмотря на то, что этот процесс занял целый день, она нашла все, кроме хирургических перчаток, точнее, перчаток восьмого размера.

Соня обошла все аптеки, в аптеках были и седьмой, и девятый, и все остальные размеры, кроме восьмого. Операция была назначена на завтра, а перчаток не было. Хирург предупредил семью: *"Принесите все, что написано в списке, в противном случае, я не берусь за операцию."* К концу дня Соня в отчаянии прибежала ко мне домой. К этому времени у нее на глазах появились слезы. *"Что случилось, Соня?"* - с тревогой спросила я, открывая дверь. Соня разрыдалась и запричитала: *"Мне нужны хирургические перчатки восьмого размера. Я везде их искала и не могу найти. Пожалуйста, помолитесь за меня."* *"Конечно, мы помолимся. Мы будем просить Бога, чтобы Он послал нам перчатки"*, - ответила я.

Мы с Соней склонили головы: *"Отец Небесный, пожалуйста, реши эту проблему,* - взмолились мы. - *Пожалуйста, пошли необходимые перчатки восьмого размера."* Когда мы закончили молиться, я воскликнула: *"Давайте посмотрим в моей аптечке под кроватью. Может быть, там есть что-нибудь подходящее."* Мы с Соней бросились в спальню и вытащили картонную коробку. В ней оказались флаконы с таблетками, бинты, мази и другие медицинские принадлежности. Торопливо роясь в коробке, мы увидели хирургические перчатки. *"Интересно, какого они размера?"* - с надеждой спросила Соня.

Перчатки оказались именно восьмого размера. Как мы хвалили и благодарили Бога! Он знал об этой нужде еще за несколько месяцев до операции. Бог побудил кого-то из американцев пожертвовать хирургические перчатки, даже не подозревая о том, как Бог использует их в качестве удивительного ответа на молитву. Какому удивительному Богу мы служим! Как можно сомневаться в Нем?

ИСТОРИЯ ШЕСТИДЕСЯТАЯ

БАБУШКА Д.

"Бог мой да восполнит всякую нужду вашу, по богатству Своему в славе, Христом Иисусом (Филиппийцам 4:19)."

Бабушка Д. выросла в детском доме. Она часто плакала от горя, думая, что ее никто не любит. Ее жизнь была унылой и серой. Она чувствовала себя очень одинокой. Со временем умерли все ее родственники, и в старости ей не на кого было опереться. Это ее очень беспокоило. Она знала, что пенсии обычно хватает только на хлеб и чай.

В свое время бабушка много работала, стараясь заработать как можно больше денег, чтобы накопить на пенсию. Она экономила каждый рубль, часто обходилась без самого необходимого, думая о старости. Это была трудная жизнь.

Наступил день, когда она вышла на пенсию. Работать ей больше было нельзя. Знание того, что у нее есть определенные накопления в банке, успокаивало бабушку Д. В то самое время в Молдове сменилась власть. Деньги резко обесценились. Сбережения бабушки Д., заработанные непосильным трудом, практически ничего не стоили. Общая сумма теперь составляла пять долларов.

БАБУШКА Д.

И снова страх и сомнения овладели ее сердцем. Ей некуда было обратиться. Что она могла сделать? И тогда она открыла для себя Иисуса Христа. Она начала изучать Слово Божье и вскоре в молитве приняла Христа как своего Господа и Спасителя. Бабушка Д. с удовольствием посещала церковь, и, хотя еды на ее столе было не много, ей хватало на жизнь.

Примерно в это же время команда "Тайтус" узнала о бедственном положении пожилых людей. Молодые люди решили заботится об одной из стариц, сделав ее своей "бабушкой." Они обсудили этот вопрос с женой пастора церкви, которую посещала бабушка Д. Команду заверили, что у этой одинокой женщины нет живых родственников, которые могли бы ей помогать. Молодые люди решили: *"Мы выбираем ее!."*

Так бабушка Д. присоединилась к команде "Тайтус" и теперь несет молитвенное служение. Она получает огромное удовольствие от общения с молодыми людьми, которые искренне любят ее. Совместные общения становятся еще веселее, когда на них присутствует бабушка Д. Некоторые друзья в США узнали о бабушке Д. и предложили ей свою поддержку. Они посылают ей подарки и заботятся о том, чтобы у нее всегда было достаточно денег, чтобы сытно поесть и тепло одеться. Для нас всех это особое благословение видеть, как Бог заботится о Своих детях, независимо от обстоятельств. *"Теперь я принадлежу большой семье,* - с восторгом сообщает бабушка Д. - *У меня есть команда "Тайтус", моя американская семья и моя церковная семья. А самое главное, у меня есть мой Небесный Отец, который всегда со мной рядом. Что еще я могу пожелать?"*

ИСТОРИЯ ШЕСТЬДЕСЯТ ПЕРВАЯ

ИДЕАЛЬНЫЙ ПОДАРОК

"Всякое даяние доброе и всякий дар совершенный нисходит свыше, от Отца светов…(Иакова 1:17а)."

Члены команды "Тайтус" были в восторге, от приезда директора миссионерской организации "Тайтус Интернешнл", он планировал провести с командой около десяти дней. Дэйв Маркум пользовался большой любовью и уважением миссионеров в Молдове, и они всячески хотели выразить ему свою благодарность в виде подарков.

Мама Люба и Алла отправились за покупками. Им очень хотелось найти идеальный подарок для Дэйва. Они знали, как он ценит изделия ручной работы, которые продаются в центре города. Они довольно быстро приметили деревянное панно для Алисы, жены Дэйва, решив, что оно ей понравится. Теперь важно было найти подарок для Дэйва. После долгих раздумий было принято решение, что деревянная подставка для ручек с вырезанной на внешней стороне надписью "Молдова" будет в самый раз. Приценившись, мама Люба, надеясь на общее одобрение, вернулась к команде, чтобы собрать деньги на покупку подарков. Все согласились с покупкой и поспешили внести свою часть стоимости подарков.

ИДЕАЛЬНЫЙ ПОДАРОК

За подарками Алла отправилась самостоятельно. Панно для Алисы было куплено без проблем. Но когда Алла пошла покупать подставку для ручек, ее уже не было. Она снова обошла весь рынок, но так и не нашла деревянную подставку для ручек. Что же делать? Алла решила помолиться, попросить Бога помочь ей найти что-нибудь другое, что бы одобрили все члены команды. Она снова обошла рынок, наконец, она увидела необычный сувенир. Это был деревянный пень с воткнутым в него топором. *"Выглядит неплохо,"* - подумала Алла.

Подарки были красиво упакованы, а затем преподнесены Дэйву со словами благодарности за его приезд в Молдову. После этого команда поспешила отправиться на занятия. Через сорок пять минут Дэйв появился в дверях комнаты. Поскольку был перерыв, я пригласила Дэйва в комнату, чтобы представить его классу. Во время моего представления Дэйв немного прослезился.

- *Ты им сказала?* - спросил он меня.
- *Что сказала?* - ответила я, недоумевая.
- *О моем подарке, о потере моего сувенира, привезенного из Молдовы много лет назад,* -ответил Дэйв.
- *Я понятия не имею, о чем ты говоришь!* -удивленно ответила я.
- *Вы не поверите, много лет я дорожил сувениром, привезенным из Молдовы, это был пень с воткнутым в него топором. Он всегда стоял на моем письменном столе в офисе. Во время недавнего ремонта он куда-то запропастился. Каждое утро, приходя в офис, я спрашивал: "Кто-нибудь уже нашел мой пень?." До сих пор его никто так и не нашел. Теперь Вы понимаете, почему ваш подарок, преподнесенный сегодня утром так дорог мне? Вы не смогли бы подарить мне ничего, что я оценил бы так высоко, как этот пень.*

Мы все были потрясены рассказом Дэйва. Нам было очень приятно, что он так высоко оценил наш подарок. Но больше всего мы были потрясены тем, что узнали, как Бог побудил Аллу купить именно этот сувенир. Ей было довольно непросто сделать выбор, но в ответ на молитву Бог побудил ее купить именно пень с топором. Я не могу не отметить тот факт, что Бог заботится о Своих детях. Его благословения безграничны. Все, чего Он ждет в ответ, это поклонения и смирения пред Его лицом, позволяющих Ему руководить нашей жизнью. Иногда Он лишает чего-то хорошего, чтобы дать лучшее. Разве может совершенный Бог поступить иначе?

ИСТОРИЯ ШЕСТЬДЕСЯТ ВТОРАЯ

КРАСНЫЙ ЗАНАВЕС

"Не убоишься ужасов в ночи…(Псалом 90:5а)."

Это был суматошный день, к концу дня я устала. Была уже почти полночь, я зашла в свою крошечную спальню в квартире на шестом этаже многоэтажного дома. Одна из дверей моей спальни выходила на маленький открытый балкончик. *"Скорее бы заснуть"*, - размышляла я, готовясь забраться в кровать. Потянувшись к выключателю, чтобы выключить свет, я вдруг услышал стук в балконную дверь. *"Что это может быть?"* -с удивлением подумала я.

Подойдя к двери, я увидела, что на меня смотрит пара глаз. Смотрящий на меня человек требовал войти.

- *Впустите меня!* - закричал незнакомец.
- *Что Вы здесь делаете?* -испуганно спросила я.
- *Меня кто-то преследует и хочет убить. Я живу над Вами на седьмом этаже* , -ответил отчаявшийся человек. Не зная, правда ли то, что говорит незнакомец, я отказалась открывать дверь.
- *Уходите,* -настоятельно сказала я, - *Вам здесь нечего делать.*
- *Но Вы должны меня впустить*, - настаивал он.

- *Я хочу вызвать полицию. Я позову кого-нибудь на помощь. Вы должны подождать снаружи на балконе или вернуться тем же путем, каким пришли. Кстати, как Вы сюда попали?* -испуганно спросила я.
- *Я спустил со своего балкона длинную красную штору. Я подумал, может, Вы мне поможете,* -объяснил он.

Я тут же позвонила своему водителю, который жил по соседству. Он со своей женой довольно быстро добрался до моей квартиры. Восстанавливая дыхание, задавал много вопросов на бегу. Водитель вышел на балкон, сказав незнакомцу пройти в дом и быстро выйти через входную дверь.
- *Пожалуйста, поднимитесь в мою квартире и убедитесь, что я говорю правду,* - умолял мужчина. - *Я хочу показать Вам свою дверь. Кто-то взял топор и попытался ее разрубить!*

Водитель проводил незнакомца на седьмой этаж и вскоре вернулся с новостями. Мужчина сказал правду. Дверь в его квартиру была взломана и буквально разрушена. Когда все волнения улеглись, я снова приготовилась ко сну. На этот раз я остановилась, чтобы поблагодарить Бога за Его защиту, осознав, что страх можно и нужно заменить Божьим миром, как бы ни складывались обстоятельства. Пора было спать.

Сегодня мы живем в неспокойное время, угрозы террористических атак нависают над нами днем и ночью. Псалом 90 - это своего рода послание надежды. Давайте полностью полагаться на Бога. Он позаботится о нас. Независимо от внешних обстоятельств мы можем ощутить Его мир внутри себя. Бог верен. Ничто не может застать Бога врасплох. Хорошо, что красный занавес оказался под рукой.

ИСТОРИЯ ШЕСТЬДЕСЯТ ТРЕТЬЯ

ВОДЯНАЯ БОМБА² И КУСОК БЕТОНА

"Ибо Ангелам Своим заповедает о тебе -охранять тебя на всех путях твоих...(Псалом 90:11)."

В Молдавии стояло жаркое лето. Дети не ходили в школу, и мы не знали, как их развлечь. Финансов на покупку спортивного инвентаря, велосипедов и видеоигр было недостаточно. Детям нужно было чем-то заниматься.

В свое время я обучила нескольких молодых ребят проводить клубы на открытом воздухе для детей и подростков с целью донести Евангелис Иисуса Христа. Мы подготовили увлекательные уроки на фланелеграфе, кукольные спектакли, поделки, призы за запоминание Писания. Это была довольная интересная программа, пора было ее воплотить в жизнь.

Клубы пользовались огромным успехом. Ежедневно в программе клуба принимали участие дети, подростки и взрослые всех возрастов. Проблем с дисциплиной никогда не возникало. Все внимательно слушали. Бог начал Свою работу в сердцах слушателей, и мало-помалу они высказывали свое желание молиться о принятии Иисуса как своего Спасителя.

ВОДЯНАЯ БОМБА2 И КУСОК БЕТОНА

В один из дней программа была в самом разгаре. После того, как были спеты любимые песни, показан кукольный спектакль, все расположились на траве, чтобы насладиться историей на фланелеграфе. В этот день я решила провести урок сама. Доску с фланелеграфом мы перенесли под тень большого дерева. При небольшом ветерке можно было не опасаться, что фигурки фланелеграфа сдует с доски. Все шло хорошо. Все внимательно слушали, как вдруг я увидела, что сквозь ветви большого дерева с огромной скоростью в мою сторону летит огромная водяная бомба. Я была в ужасе. *"Господи,* - закричала я, - *пожалуйста, не дай никому пострадать!"*

Водяная бомба упала и разорвалась в единственном пустом месте на всей лужайке. Один из членов команды сидел на этом самом месте всего лишь мгновение назад, сейчас встав проведать ребенка, находившегося неподалеку. Мы были очень рады, что никто не пострадал. Несколько человек были обрызганы чистой водой, но быстро обсохли под жарким солнцем. Мы вознесли хвалу Богу за Его защиту, Его заботу о Своих детях.

Позже, когда мы с несколькими членами команды шли по широкому тротуару, обсуждая прошедший клуб, с девятого этажа многоэтажного жилого дома упал кусок бетона. Всего в одном шаге от нас. И снова, второй раз за день, мы стали свидетелями Божьей защиты. За один день мы дважды увидели, что Бог поручил Своим ангелам охранять нас на всех путях.

Мы уверены, что Бог не допустит в нашей жизни ничего такого, что не входит в Его планы. Бог верен, направляя наши шаги, защищая нас на всех путях. Мы можем спокойно уповать на Его обещания. Если по какой-то причине, известной только Ему, Он поведет нас долиной смертной тени, Его жезл и посох, они успокоят нас. Нам нечего бояться. Наша вера в Бога поможет нам выстоять.

ИСТОРИЯ ШЕСТЬДЕСЯТ ЧЕТВЕРТАЯ

ИСТОРИЯ СЕРЕЖИ

"Око Моё над тобою…(Псалом 31:8б)."

Сереже было семнадцать лет, когда умер его отец. Это было очень печальное событие для семьи. Отец Сергея не был христианином, и у семьи не было надежды увидеть его снова. Год назад Сережа обратился ко Христу, приняв Его как Своего Господа и Спасителя. Мама Сережи тоже была христианкой. Они с мамой жили в небольшом селе в Молдове. Занимаясь сельским хозяйством, они очень зависели от урожая. Работы было много. Осенью поля надо было вспахивать, а весной снова засеивать. В жаркие летние месяцы - бороться с сорняками. Осенью - собрать и сохранить урожай.

Поскольку вся работа теперь лежала на маме, Сережа оставил всякую надежду на учебу в библейском колледже. У него не было другого выхода, кроме как остаться и помогать маме. К тому же и денег на оплату учебы не было. Все его мечты вскоре померкли в тяжелом труде и рутине ведения хозяйства.

Однако желание поступить в библейский колледж не покидало Сережу, а становилось все сильнее и сильнее. *"Я должен пойти и изучать Слово Божье,* - думал Сережа.- *Возможно, Бог* призывает меня стать проповедником. Но как это может быть? У меня нет денег, а мама так сильно нуждается во мне."

Спустя полгода Сережа был абсолютно уверен, что должен уехать в город. В итоге мама согласилась остаться сама. Большую часть земли они сдали в аренду. Денег при этом все равно не хватало. Как же они нуждались в Божьем вмешательстве!

Как раз в это самое время Сереже предложили работу в городе, где находился библейский колледж. Какой-то человек согласился работать на заводе по производству бутылок, но решил отказаться и теперь эту вакансию предложили Сереже. *"Наверное, Бог так ведет меня в нужном направлении"*, - объяснил Сережа маме. *"Конечно, ты должен поехать,* - подбодрила его мама, - *но где ты будешь жить? Библейский колледж начнет свою работу только осенью. Тебе нужно где-то жить, пока ты будешь работать до осени."*

У Сережи был знакомый в городе. Он спросил, не может ли его друг найти ему жилье. *"Постараюсь"*, - пообещал друг. Однажды друг Сережи пришел домой, но обнаружил, что забыл ключи дома, а значит, надо подождать, пока кто-то из домашних вернется домой и откроет дверь. А пока он вспомнил о Коле, члене команды "Тайтус", жившем с ним на одной лестничной клетке. *"Спрошу, могу ли я переждать у него"*, -решил он.

Коля был дома и с радостью пригласил мужчину войти. Гостеприимный Коля даже угостил его чаем. Во время беседы друг Сережи спросил: *"Ты был бы не против, если бы с тобой жил молодой человек из моего села, который собирается приехать в Кишинев на работу?."* *"О, я должен спросить об этом у хозяина квартиры,* - ответил Коля. - *Мисс Лорин, мой директор, тоже должна знать об этом. Кстати, она молится о том, чтобы кто-то жил с ней в доме, в целях безопасности, выполнял какие-то поручения. Возможно, твоего друга заинтересует эта вакансия. У него будет много преимуществ как у члена команды "Тайтус."* *"Ну, я узнаю. Это интересный вариант, куда лучше, чем целый день разливать газировку по бутылкам!"* Сережа договорился о встрече со мной и членами команды. Этот молодой человек произвел на всех на огромное впечатление. Сережа с радостью принял мое предложение стать членом команды "Тайтус."

Сегодня Сережа учится в библейском колледже и планирует заниматься служением. Он добросовестно выполняет свои обязанности члена команды "Тайтус", и все его очень любят и ценят. Мы верим, что у Сережи светлое будущее. Он позволил Богу действовать в Его жизни, и теперь он ни о чем не жалеет. Бог так верен. Он хочет научить и наставить нас на путь, по которому мы должны идти. Он желает направлять нас любящей Своей рукой. Мы никогда не разочаруемся, если позволим Богу действовать в нашей жизни на Его усмотрение.

ИСТОРИЯ ШЕСТЬДЕСЯТ ПЯТАЯ

ВОЗВРАЩЕНИЕ ДАНИКА

"Наставь юношу при начале пути его: он не уклонится от него, когда и состарится (Притчи 22:6)."

Даник и Оля уже несколько лет являются членами команды "Тайтус." Однако в августе они планируют присоединиться к другой христианской миссии, которая занимается донесением Евангелия в мусульманских странах. Даник поделился с нами интересной историей, которая должна вдохновить родителей, учителей и молодежных пасторов, лидеров, работающих с подростками из христианских семей. Современные молодые люди часто испытывают искушение покинуть безопасное защищенное окружение и "вкусить запретный плод."

"В детстве, - рассказывает Даник, -меня учили Писанию, и я очень любил Бога. Мама учила меня рассказывать другим об Иисусе, даже во времена коммунизма. Помню, когда мне было шесть лет, мама взяла меня к своей сестре на работу, тетя работала барменом. Мама попросила меня рассказать тете все, что я знаю об Иисусе. Отец иногда разрешал мне ездить с ним в город. В общественном транспорте я часто с удовольствием рассказывал пассажирам историю об Иисусе. Отец, наклонившись, шептал мне на ухо: "Даник. перестань, я боюсь, что кто-нибудь донесет на нас властям, и меня посадят в тюрьму."

Однако, когда я стал подростком, дерзновение рассказывать окружающим о Христе прошло. Теперь все, чего я хотел, это открыть для себя все то, чего, как мне казалось, я был лишен в детстве. Хотя я боялся Бога, я решил, что как-нибудь перехитрю Его и смогу получить удовольствие от всех греховных наслаждений, которые мне запрещали родители в раннем детстве. Я начал курить и пить алкоголь. Связался с плохой компанией, с ребятами, которые научили меня воровать в троллейбусе. Когда я потом приносил украденные деньги, они отбирали их у меня. Однажды они пришли к моим родителям и потребовали денег, сказав, что, если родители не дадут денег, меня сильно побьют. Я сильно испугался и хотел порвать с этой компанией. Все складывалось совсем не так, как я предполагал в начале. Теперь я жалел, что вообще ввязался в эту историю. В конце концов, родители переехали в другой район города, я перешел в другую школу. Однако прошло совсем немного времени, и я связался с другой компанией, в которой были те же проблемы, что и раньше. Я плохо учился и даже умудрился украсть классный журнал, чтобы поменять свои низкие оценки на более высокие. В отчаянии, - продолжал Даник, *- отец отправил меня учиться в музыкальную школу. Я очень любил музыку. Моя бабушка жила в соседнем городе с моим двоюродным братом. Он был хороший, зрелый христианин. Смотря на него, я ему завидовал. Наблюдая за его поведением, я начал задавать себе вопросы о своей жизни. Два вопроса буквально не давали мне покоя: если я умру, попаду ли в ад? И, если Иисус придет, возьмет ли Он меня на небеса? Меня это очень беспокоило. Однажды вечером, когда мы с двоюродным братом обсуждали эти вопросы, я почувствовал присутствие Бога в комнате. Я осознал свою греховность и сказал сказал своему двоюродному брату, что хочу лишь очистить свое сердце, чтобы стать достаточно хорошим, чтобы вернуться к Иисусу. Мой мудрый двоюродный брат сказал мне, что я никогда не смогу сделать это самостоятельно. Для этого нужен Иисус, Он силен очистить мое сердце от греха. Наконец мои глаза открылись. Я воззвал к Иисусу о прощении и очищении. Я хотел, чтобы Он омыл меня, сделав белее снега. Иисус ответил на мою смиренную молитву, и* *в тот же момент я почувствовал мир и радость. Все приобрело новый смысл, и я решил служить Ему до конца своих дней."*

Даник вернулся в Кишинев с другим взглядом на вечные ценности и мирские искушения. Он понял, что хочет всецело посвятить себя Богу. Он поступил в библейский колледж, окончил его, стал пастором и сейчас готовится стать миссионером в мусульманской стране, оставляя все земное, чтобы следовать за Иисусом.

Даник и Ола понимают, что им, возможно, придется умереть за Христа, но они готовы идти туда, куда Он ведет их, невзирая на последствия. Их взоры устремлены к вечным ценностям, ничто другое их не привлекает.

ИСТОРИЯ ШЕСТЬДЕСЯТ ШЕСТАЯ

ВЫБОР АЛЛЫ

"А надеющиеся на Господа обновятся в силе: поднимут крылья, как орлы, потекут — и не устанут, пойдут — и не утомятся (Исайя 40:31)."

Алла - красивая, талантливая молодая девушка, является членом команды "Тайтус" с момента ее основания пять лет назад. Она принимала участие в составлении учебной программы из пятидесяти библейских уроков, которая до сих пор представляет большую ценность для преподавателей воскресных школ в Молдове, России, Украине, Азербайджане, Узбекистане и даже на Чукотке.

Алла родилась и выросла в христианской семье, где отец и мать горячо любили друг друга и своих семерых детей. Это была счастливая семья. Говоря о своей семье, Алла отмечает: *"Нам всегда было очень весело вместе. Я никогда не могла себе представить, что когда-нибудь мы расстанемся."* Одна из сестер Аллы - Света, жена Коли, живет с семьей на Украине, они с мужем занимаются основанием новой церкви. Неудивительно, что в своё время Алла поступила в библейский колледж по специальности преподаватель воскресной школы. Я преподавала многие курсы в рамках этой программы и была очень впечатлена успеваемостью

Аллы. Кроме того, мне всегда было приятно находиться рядом с этой студенткой, полной энергии.

После окончания библейского колледжа Алла стала частью команды "Тайтус" Она участвовала в написании различных проектов, преподавала драматическое искусство, занималась евангелизацией. Алла всегда высоко ценила привилегию служить Христу, занимаясь служением на постоянной основе.

Спустя год перед Аллой встал важный выбор. Ей предложили стать директором программы лагерного служения за пределами Кишинева. Если бы она приняла это предложение, то продолжать служение в команде"Тайтус" было бы невозможно. Она молилась, ища Божьего водительства. Алла была вполне довольна своим служением, но в глубине души она знала, что Бог призывает ее к новому служению.

В один из дней Алла обратилась ко мне как к лидеру команды "Тайтус."

- *Мисс Лорин, я горячо молилась и верю, что сейчас Бог призывает меня к другому служению. Я очень ценю свое служение в команде "Тайтус", и поддержка моя будет составлять лишь половину от той, которую я получала в "Тайтус", но я должна повиноваться Богу.*
- *Конечно,* - ответила я. - *В прошлом мне тоже приходилось принимать такие решения. Я прекрасно понимаю, как трудно оставить одно служение ради другого. Пожалуйста, поезжай, я благословляю тебя.*

Так Алла уехала, чтобы стать директором программы лагерного служения, служа сотням, тысячам детей и подростков.

Спустя четыре года Алла начала молиться: "*Пожалуйста, Господи, дай мне что-то новое*", - молилась она. Бог ответил, ей позвонила подруга, которая в то время училась в Праге (Чехия). "*Приезжай к нам учиться, Алла,* - предложила Ира.- *Я договорилась о твоем приезде. Ты сможешь изучать английский язык и практическое богословие.*"

Алла молилась до тех пор, пока не убедилась в том, что знает волю Божью в этом вопросе. Вскоре она уже ехала в Прагу, где оказалась в центре событий. Алла быстро вовлеклась в учебный процесс. Ей приходилось много работать, чтобы не отстать от программы. Наступило лето, и Алла сказала: *"Мое сердце стенало. Я хотела оставить служение в лагере и уехать на Украину. Я молила Бога: "Пожалуйста, отпусти меня." Это кажется невозможным, у меня столько обязанностей в рамках лагерного служения, но мое сердце жаждет служения в Украине."*

Бог ответил на ее молитвы, вскоре Алла оказалась в Украине, где вместе со мной и Людой К. разбирала старые кирпичи, работая вместе с миссионерской командой из Алабамы, помогая в строительстве новой церкви. Алла прекрасно провела время, общаясь с командой "Тайтус", наши отношения снова стали близкими.

"Если Бог приведет тебя обратно в команду "Тайтус, мы будем очень рады", - сказала я Алле. - *Я не хочу отрывать тебя от твоего лагерного служения, но, пожалуйста, будь уверена, мы всегда будем рады, если ты вернешься в команду."* Алла решила молиться, ища водительства Божьего, и когда поняла Божий ответ, радостно сообщила нам *"Я возвращаюсь в "Тайтус."* Какое счастье, что Алла вернулась!

Любимый стих Аллы из Библии записан в Исаия 40:31. Этим стихом она подводит определенный итог своей жизни: *"Когда я училась в библейском колледже, я ходила, а не плелась. Когда я служила в лагере, мне приходилось постоянно обновлять свои силы, в Праге я бежала, но не уставала. Но сейчас, вернувшись в команду "Тайтус", я обнаружила, что поднимаюсь на крыльях, подобно орлу. Я много работаю, но это так увлекательно. Я серьезно настроена на то, чтобы вкладывать свою жизнь в вечное, а не во временное. Жизнь - это всего лишь пар. Я хочу пребывать во Христе, принести много плодов для вечности"*, - подчеркивает Алла, делая свой самый важный выбор.

ИСТОРИЯ ШЕСТЬДЕСЯТ СЕДЬМАЯ

ПРАЗДНОВАНИЕ ПОМОЛВКИ

"Как жених радуется о невесте, так будет радоваться о тебе Бог твой (Исайя 62:5б)."

Пришло время объявить о помолвке Галины (помните историю о красной пижаме) и Тимофея. Галина была посвященным членом команды "Тайтус", лидером румынской театральной группы, преподавала в институте подготовки учителей воскресной школы. Свадьба была назначена на 16 мая. В церкви, которую посещают молодые, ожидалось публичное объявление о помолвке. Не желая пропустить такое событие, команда "Тайтус" отправилась в церковь.

Вечернее богослужение проходило в центральной баптистской церкви Кишинева. К нашему приходу зал был заполнен, впереди нас ждала двухчасовая программа, включавшая музыкальное участие, две проповеди и несколько выступлений детских групп, включая группу, в которой преподавала Галина.

Дети выступили великолепно. Они были одеты в мантии пяти цветов представленных в "Книги без слов": золотом, черном, красном, белом и зеленом (значение цветов смотрите в рассказе "Четырехлетний миссионер"). Дети цитировали наизусть стихи из Библии, исполнили несколько песен. Было весьма интересно слушать детей, исполнявших песни, написанные их учителем. Галина - автор некоторых из пятидесяти песен, написанных командой "Тайтус."

В конце богослужения Галина и Тимофей были официально представлены церкви женихом и невестой. Какая замечательная пара получилась! Галина выглядела просто великолепно, Тимофей был самым счастливым мужчиной среди прихожан. Молодая пара стояла на сцене во время последней молитвы. Сразу после окончания служения близкие, родные, друзья бросились поздравлять молодых, вручая им красивые букеты цветов.

По случаю помолвки члены команды "Тайтус" и другие близкие друзья были приглашены к Галине домой на чаепитие. Нам были предложены вкуснейшие пирожные и ароматный чай. Мы с удовольствием провели время. В конце вечера в дверях появилась Галина, одетая в красивый красный костюм, ее длинные светлые волосы изящно ниспадали на плечи, рядом стоял ее восхищенный жених в темно-синей рубашке и галстуке золотистого цвета. Молодая пара, действительно, буквально светилась довольством и любовью друг к другу.

"Ты рада, что дождалась этого дня?" - спросила я, зная, что Галина отказалась от другого предложения выйти замуж, всецело доверяя решение этого вопроса Богу. *"Конечно, рада!* - ответила восторженно Галина. - *Бог знает лучше, и Он дает самое хорошее, если мы доверяем Ему. Я никогда не думала, что любовь может быть такой прекрасной!"*

Нечто подобное происходит в жизни тех, кто принял Иисуса как своего Спасителя и Господа. Мы как церковь являемся Невестой Христа. Бог радуется, нашему выбору в Его пользу и несогласию на другие предложения.

ИСТОРИЯ ШЕСТЬДЕСЯТ ВОСЬМАЯ

ИСПУГАННЫЕ ПОГРАНИЧНИКИ

> *"Не бойтесь, стойте — и увидите спасение Господне, которое Он соделает вам ныне, ибо Египтян, которых видите вы ныне, более не увидите вовеки; Господь будет поборать за вас, а вы будьте спокойны* (Исход 14:13б-14).*"*

Румыно язычная театральная команда "Тайтус" приближалась к государственной границе Молдовы, направляясь в Украину, где членов команды ждала насыщенная программа выступлений. Они с нетерпением ждали этой поездки, но очень переживали, думая о пересечении молдавско-украинской границы со всем реквизитом, декорациями и личным багажом. Они хорошо помнили, с какими трудностями они сталкивались во время других поездок, особенно прошлым летом, когда большая часть команды "Тайтус" ездила в Румынию.

В тот раз, когда наш автобус подъехал к молдавской границе, все сорок пять пассажиров должны были пройти паспортный контроль. Все было гладко до определенного момента, один из офицеров таможенной службы потребовал, чтобы мы подвезли его родственников до города N. *"Что происходит?*

- спросила я удивленно. - *Мы арендовали этот автобус, заплатили за услуги. Почему мы должны оказывать услуги по перевозке?"* "*О, мисс Лорин, Вы уже знаете, что это молдавский метод решения вопроса!*" - пояснили мне некоторые члены команды.

Итак, я уступила, мы взяли на борт пассажиров, и автобус направился в сторону румынской границы. Какое это было испытание - прохождение румынской таможни. Нас всех высадили из автобуса, проверили документы, паспорта, выгрузили и тщательно досмотрели наш багаж. Сотрудники таможни, казалось, не торопились выполнить свою работу. В процессе досмотра они даже сделали несколько небольших перерывов.

Наконец все зашли в автобус, и мы отправились в путь. Скоро наши пассажиры доберутся до места назначения, и мы продолжим свой путь в привычном русле. Но тут произошло еще одно непредвиденное событие. Автобус вдруг остановился на обочине дороги у какого-то села. *"Неужели они выходят?"* -подумала я. Одна из женщин, из навязанных нам пассажиров, взяла какие-то пакеты и вышла. Водитель сидел в ожидании. *"Поехали!* -сказала я водителю автобуса. - *Мы хотим добраться до гостиницы дотемна. Нам предстоит еще проехать горные перевалы"* "*Я не могу уехать*"- ответил он. *"А почему?"*- поинтересовалась я. *"Мы должны дождаться возвращения дамы. По дороге она должна отдать несколько передач, а сама она едет в город N."* -пояснил водитель. Я лишь покачала головой. Смогу ли я когда-нибудь понять этих людей?

Помня горький опыт, театральная команда начала молиться еще на подъезде к молдавской границе. На границе нас встретили суровые пограничники и таможенники. *"Что это за инвентарь? Кто вы? Куда направляетесь?"* -задавали нам вопросы офицеры. Водитель автобуса, который до своего недавнего обращения в христианство был известным мафиози, твердо ответил: *"Это дети Божьи, они едут выполнять Его поручение."* Похоже этот ответ удовлетворил служащих. Они быстро оформили наши документы и велели поторопиться. Они вели себя так, словно хотели поскорее избавиться от нашей группы.

Удивленная команда радовалась, воздавая хвалу Богу за то, что Он позаботился о нас таким чудесным образом. Однако нам предстояло пересечь еще одну границу. Помолившись, мы подъехали к пропускному пункту и, встав в очередь, ждали проверки документов. И снова вопросы: кто мы? откуда мы? куда направляемся? с какой целью едем в Украину? Водитель снова объяснил, что мы дети Божьи, которые едут по Его делам. Пограничники, казалось, насторожились и снова поторопили нас. Мы все были изумлены. Воистину Бог контролировал ситуацию. Нам нечего было бояться. Он был на нашей стороне, демонстрируя Свою силу и могущество.

Остаток пути прошел довольно легко, мы пели хвалу Богу за Его избавление. Мы действительно были детьми Божьими, выполняющими Его поручение. Когда мы нуждались в Нем, Он мгновенно пришел на помощь. Бог показал нам свой суверенитет и власть над власть имеющими.

ИСТОРИЯ ШЕСТЬДЕСЯТ ДЕВЯТАЯ

ПАПА УМЕР, ИСПОЛНЕННЫЙ НАДЕЖДОЙ

"Утешайтесь надеждою; в скорби будьте терпеливы, в молитве — постоянны (Римлянам 12:12).*"*

Люда К. восемь лет долгих лет молилась о спасении своего папы. Он всегда говорил ей, что достаточно разумен и может обойтись в жизни без Бога. *"Но, папа,* - настаивала Люда К., - *никто не может жить без Бога!"* Впервые я познакомилась с Людой К. на занятиях в библейском колледже. Однажды после практического задания по приведению библейского урока, которое проводила Люда К., я повернулась к своему переводчику, шепнув: *"Ты обратил внимание на эту студентку? Она такая способная!"* Год спустя Люда К. стала одной из первых из многих студентов, присоединившихся к команде "Тайтус" в Молдове. Каким благословением она стала для команды в целом!

Люда К. воспитывалась в семье, ее мама выросла в христианской семье, а отец - убежденный атеист. Семья никогда не молилась вместе, а поскольку свидетельство матери было молчаливым, дети не получали наставлений из Священного Писания. В памяти Люды К. сохранились семейные прогулки и веселые моменты из детства. Подростковый возраст она вспоминает как весьма взбалмошный период своей жизни.

Между ее родителями нарастали разногласия, и в конце концов они развелись. Это было трудное время для Люды К., ей очень не хватало любви отца. Боль в ее сердце становилась все сильнее, вскоре она поняла, что отец вообще не заинтересован в общении с ней. Отчаявшись завоевать любовь отца, Люда К. обратилась ко Христу, признав его своим Господом и Спасителем, обретя в Его лице любящего Отца. Теперь у нее был Отец, который внимательно прислушивался к каждому ее слову.

Несмотря на радость от того, что она стала христианкой и училась в библейском колледже, Люда К. не могла избавиться от тяжелого бремени, которое продолжала нести. Она хотела, чтобы ее земной отец тоже обратился ко Христу. Она неустанно молилась об отце, но ничего не происходило. И вот однажды она случайно узнала, что ее отец болен раком. *"Господи, - взмолилась Люда К., - пожалуйста, не дай моему папе умереть без Иисуса!"* Она плакала, умоляя его о спасении: *"Отец Небесный, возьми мою жизнь вместо папиной. Мне невыносимо думать о том, что он будет вечно мучиться в озере огненном."*

Однажды Люда К. получила сообщение, что ее зовет умирающий отец. Она поспешила в больницу:

- *Я здесь, папа*, - кричала она.
- *Спасибо, что ты пришла и посмотрела мне в глаза*, - прошептал он. - *Я так плохо выгляжу, мое лицо желтое и исхудавшее от рака.*
- *Ты знаешь, что я люблю тебя, папа"*, - нежно проговорила Люда К.
- *Я умираю, доченька дорогая. Я хочу, чтобы ты знала, что мы с твоей мамой когда-то очень любили друг друга. Я хочу, чтобы*

ты прочитала несколько писем, которые мы когда-то писали друг другу.

И тут папа протянул Люде К. пачку заветных писем. Люда К. была весьма потрясена, когда прочитала их. Действительно, ее родители когда-то были без ума друг от друга.

- *Есть Тот, который любит тебя намного больше, чем я или мама когда- либо любили тебя.*

И с этими словами Люда К. объяснила умирающему отцу план спасения.

- *Папа, я так хочу увидеть тебя на небесах!*
- *Я понимаю, о чем ты говоришь мне, но у меня нет сил поверить. Пожалуйста, помолись за меня"*, - попросил он.

На протяжении последних семи лет Люда К. верно молилась об отце, могла ли она сейчас отказать ему? Она продолжила молиться о спасении отца.

Однажды ночью, когда папа Люды К. лежал при смерти, он вдруг воскликнул: *"Выключите свет. У меня болят глаза."* Семья заметила, что его глаза были закрыты. *"Я вижу широкую дорогу, и воздух теплый и приятный. Как же я хочу поехать по этой дороге в рай! Это был Иисус. Он - Путь!"* Исполненный сильным желанием встретить Иисуса, папа Люды К. помолился о принятии Христа. *"Теперь я буду со всеми во веки веков. Я хочу умереть сейчас!"* - сказал он. С этими словами он умер с улыбкой на лице.

Люда К. нашла утешение во Христе, все ее слезы, выплаканные об отце, были вознаграждены. Она радуется надежде, что проведет вечность со своим отцом. В Библии написано: "В скорби будьте терпеливы, в молитвах постоянны." *"Становясь свидетелем того, как близкий человек приходит ко Христу, поистине переживаешь ликование души. Может быть, на это уйдут годы искренних молитв, но, пожалуйста, мисс Лорин,* - убеждает меня Люда К., - *скажите всем, чтобы они продолжали молиться за своих неспасенных близких. Вечность длит ся вечность."*

ИСТОРИЯ СЕМИДЕСЯТАЯ

ЖЕРТВА ПЕТРА

"Итак, умоляю вас, братия, милосердием Божиим, представьте тела ваши в жертву живую, святую, благоугодную Богу, для разумного служения вашего (Римлянам 12:1а)."

Петр и Слава - два энергичных, целеустремленных молодых человека, они отправились на поиски приключений. Бог призвал их на миссионерское служение в самый северный город России - город Певек, расположенный на Полярном круге. После приезда в Певек они какое-то время успешно несли служение городе. Однако их мучило сильное желание отправиться в тундру, где проживали чукчи, ни разу не слышавшие Евангелие Иисуса Христа.

Морозы стояли лютые. Пластиковые пряжки на рюкзаках лопались на морозе. Несмотря ни на что, ребята не теряли надежды, намереваясь достичь своей цели. Начался сильный снегопад, подул сильный ветер. Петру и Славе ничего не оставалось, как остановиться, расставить свою маленькую палатку и переждать бурю.

Наконец ветер утих, молодые люди продолжили свой путь, им было очень холодно, у Петра сильно замерзли ноги. Однако молодых людей ничего не останавливало, они продолжали идти. Наконец показались яранги - жилища чукчей. Увидев своих гостей, чукчи очень обрадовались. Желая проявить гостеприимство, они тут же зарезали оленя из своего стада. Расколов череп оленя, Петру и Славе протянули ложку, приглашая побаловать себя свежатиной: *"Это оленьи мозги, их надо есть, пока они еще теплые!"* - улыбались чукчи.

У Петра и Славы все перевернулось в животе, но, желая наладить контакт с чукчами с целью поделиться с ними Евангелием Иисуса Христа, они взмолились: *"Господи, пожалуйста, помоги нам съесть эти мозги и не вырвать."* Бог ответил на их молитву. Заметив, что гостям, похоже, понравилось угощение, чукчи предложили еще один деликатес. *"Наши дети очень любят оленьи глазные яблоки, это их любимое лакомство. Поскольку у оленя всего два глаза, лакомство детям достается нечасто. Сегодня мы хотим поделиться с вами этим деликатесом как с дорогими гостями. Наслаждайтесь, пожалуйста!"*

Петр и Слава побледнели. Они никак не могли заставить себя съесть оленьи глаза. *"Пожалуйста, Господи, помоги нам! Нам нужна мудрость, как поступить, чтобы не обидеть хозяина, но и не есть этот "деликатес."* Бог услышал их молитвы, дав мудрости, как поступить. Молодые люди с улыбкой ответили: *"Мы очень ценим ваше гостеприимство и готовность отдать нам лучшее угощение, но, честно говоря, мы не можем принять ваш дар. Мы тоже любим детей и не можем лишить их любимого десерта."* И с этими словами Петр и Слава отдали оленьи глаза хозяину, а тот, в свою очередь, отдал лакомство двум весьма довольным детям, стоявшим и наблюдавшим за происходящим в стороне. Все были довольны. Петру и Славе не нужно было есть "деликатес." Дети были в восторге от вкусного лакомства. Взрослые чукчи с восхищением покачивали головами, наблюдая за тем, на какую великую жертву пошли их гости.

Тем временем Петр обнаружил, что замерзшие пальцы его ног почернели. Позже, при обследовании, ему сообщили, что один палец на ноге и половина другого нуждаются в ампутации. Но там, сидя в яранге, Петр не думал о пальцах, они со Славой решили, что у них есть более важное дело. Чукчи были готовы слушать, что им скажет Книга Книг. Им предстояло впервые в жизни услышать Евангелие.

"*Петр,* - спросила я, когда они со Славой вернулись в Молдову с коротким визитом, - *как ты относишься к тому, что тебе придется пожертвовать пальцами ног? Ты молод, тебе всего девятнадцать лет, и теперь ты должен прожить всю жизнь без пальцев на ногах.*" Петр посмотрел в глаза и мгновенно ответил: "*Мисс Лорин, никакая жертва не является слишком большой для Того, Кто пожертвовал всем ради меня.*" Воистину, система ценностей Петра имеет вечную перспективу. Что можно сказать о нас? Готовы ли мы принести свои тела в жертву Богу, сделать это для Его славы?

ИСТОРИЯ СЕМЬДЕСЯТ ПЕРВАЯ

ОТКРЫВАЛКА

"Не заботьтесь ни о чём, но всегда в молитве и прошении с благодарением открывайте свои желания пред Богом (Филиппийцам 4:6)."

"Эх, как жаль, что у меня нет нормальной открывалки для консервных банок, - сокрушалась я, пытаясь справиться со стандартной "советской" открывалкой, используемой в США исключительно в походных условиях. - Я так устала от этого ковыряния, пытаясь сделать отверстие. Потом придется еще срезать верхнюю часть банки. Все эти зазубрины. Я бы даже согласилась на одну из ручных открывалок, которыми пользуются в США, хотя, живя там, я пользовалась автоматической открывалкой."

Стоявшие неподалеку от меня члены команды "Тайтус", уставились на меня с недоумением *"Что вы имеете в виду под ручной открывалкой?"* - спросил один из них. Другой хотел уточнить, что имеется в виду под автоматической открывалкой. *"Вы не знаете, что такое ручной консервный нож?"* - удивленно спросила я. Даже после моей попытки описать его члены команды лишь покачали головами в ответ, не понимая о чем идет речь. Я не стала объяснять им, что такое автоматическая открывалка - это было бы для них непостижимо.

ОТКРЫВАЛКА

"Пойдем искать открывалку", - с энтузиазмом предложила я своему переводчику Сереже. Он охотно пошел со мной по магазинам, хотя и не знал по описанию, что именно мы планируем купить. Целый день мы с Сережей провели в поисках ручного консервного ножа, прочесывая все столичные магазины. Продавцы не понимали, о чем идет речь. Мы заходили в магазин за магазином, я уже была готова сдаться. *"Я знаю, что это не предмет первой необходимости*, - молилась я, *-но, Господи, Ты знаешь, что мне было бы приятно пользоваться им. Я не прошу роскошную автоматическую открывалку. Мне вполне хватит и ручной. Спасибо Тебе за все те блага, которые Ты давал в прошлом, которые не были предметами первой необходимости. Я отдаю все в Твои руки."*

Успокоившись, я предложила Сереже забыть о консервном ноже. *"Давайте попробуем еще в одном магазине"*, - предложил он. Мы заглянули в этот магазин, и, о чудо, там оказалась не одна открывалка, а целых три. Вот это находка. Обрадованные своей находкой, мы внимательно изучили каждую из них. Первая оказалась слишком дорогой для своего качества, другая не работала, и мы остановились на третьей. Радостно неся свое сокровище по улицам города, мы не скрывали своих улыбок.

Придя домой, я поспешила взять банку и опробовать новую открывалку. Не получилось. Серёжа приложил все старания, чтобы открыть консервную банку, но в конце концов признал, что все тщетно. И что теперь? Мы вернулись в магазин и потребовали вернуть деньги. *"Все равно для такой открывалки она стоила слишком дорого"*, - утешала я себя. *"Я просто упомяну об открывалке в своем письме американцам, чтобы американцы знали, как много у них благ, по сравнению с местными жителями."* Получив мое письмо, несколько американцев предложили прислать открывалки, желая помочь мне. Я оценила их щедрость, но как их доставить в Молдову? Посылать вещи по почте было крайне рискованно, так как посылки вскрывались, и почтовые работники обычно сами добирались до содержимого.

Как раз в это время пришло письмо от одной женщины, которая сообщила, что через несколько дней в Кишинев приедет ее пастор. Возможно, он сможет взять с собой открывалки. Мы связались с пастором, и он с радостью согласился привезти эти "ценные вещи." Через несколько дней в ящике шкафа у меня дома лежала не одна, а целых три открывалки, каждая из которых работала исправно. *"Ого, эти открывалки просто невероятны!"* - с восхищением восклицали члены команды, наблюдая, с какой легкостью открываются банки, оставляя края крышки гладкими. Они явно восхищались этим открывалками.

"О, у нас есть даже автоматические", - пояснила я, но тут же остановилась. Для одного дня им было достаточно. *"Разве не удивительно, что Бог дал Вам консервный нож, о котором Вы молились? Если бы Вы нашли его в Кишиневе, то у Вас был бы только один, а теперь целых три. Бог даже организовал бесплатную доставку, послав человека, который их привез!"* - воскликнул один из членов команды "Тайтус." *"Знаете,* - продолжил другой член команды, - *если Бог знает о таких вещах, как открывалки, которые не являются предметами первой необходимости, то насколько больше Он заботится о самом необходимом в нашей жизни. Ему определенно можно доверять!"*

"Давайте остановимся и поблагодарим Его прямо сейчас", - предложил третий член команды. И мы тут же склонили головы воздав Богу хвалу за Его благословения, прося Его помочь еще больше доверять Ему. Если Бог заботится о том, чтобы у американской миссионерки в Молдове была открывалка, то, безусловно, на Него можно положиться, доверяя Ему свои нужды.

ИСТОРИЯ СЕМЬДЕСЯТ ВТОРАЯ

МАМА ЛЮБА - БЫВШАЯ КОММУНИСТКА

"Потому что Бог производит в вас и хотение и действие по Своему благоволению (Филиппийцам 2:13)."

Мама Люба -трудолюбивый и ответственный член команды "Тайтус", она отвечает за все хозяйственные вопросы в рамках института по подготовке учителей воскресной школы. В свое время она вынуждена была вступить в коммунистическую партию, так как хотела получить хорошую должность на хлебозаводе. Она выросла в семье атеистов, но почему-то испытывала неприязнь к коммунистичсской философии, считая, что искренне принять их учение невозможно. Формально мама Люба была коммунисткой, но в глубине души она тихо сопротивлялась этой идеологии.

Путь в коммунистическую партию для Любы начался во втором классе, когда ей вручили значок в виде звезды, в центре которой было выгравировано лицо маленького мальчика, Ленина. Это был особый день для советских детей, они шли по огромным коридорам школьного здания с особой гордостью, выпятив грудь. Учителя, ведя за собой своих учеников, определенно гордились ими.

В средних классах ученики получали значок в виде флага с лицом повзрослевшего Ленина. Теперь носили на шее красные галстуки, возвещающие о переходе на новый этап посвящения человека коммунистической партии. Позже, в старших классах, они получали специальный билет, который означал еще один шаг к тому, чтобы стать настоящим коммунистом. Мама Люба прошла все эти этапы с большим успехом. Однако внутренне для нее это были всего лишь ритуалы, не имевшие реального значения в жизни.

После окончания школы мама Люба поступила в кулинарный техникум. Вскоре ей, как отличнице, предложили высокую должность на одном из предприятий с условием, что она станет коммунисткой. От нее требовалось сначала освоить философию коммунизма, а затем подписать документ, в котором она обещает быть верной коммунистической партии и всегда жить в СССР. Если она покинет Советский Союз, то ее жизни будет угрожать смертельная опасность. Каким-то образом мама Люба получила эту высокую должность, так и не освоив философию коммунизма. Сейчас она признается: *"Я просто внутренне не могла согласиться с его учением."*

У мамы Любы никогда не было Библии, и соответственно она не имела никакого представления о ее истинах. Она слышала о Боге, но не знала, существует ли Он. Только когда врач предположил, что у Любы рак и ей осталось жить всего два года, мама Люба взмолилась Богу, который, по ее мнению, возможно, существовал: *"Если Ты есть, пожалуйста, дай мне ребенка перед смертью. Это все, чего я хочу в жизни. Ты же слышишь, меня, Господи?"* Бог услышал ее молитву, и в 1989 году родился Саша. Именно тогда Люба поверила, что Бог есть. Люба вышла замуж за еврея. В 1995 году семья посетила Иерусалим. Она рассказывала:

"Когда я была в Иерусалиме, я почувствовала там присутствие Бога. Тогда я без тени сомнения поняла, что Он существует."

Когда Люба узнала о вакансии в команде "Тайтус", она в страхе и трепете приехала ко мне на квартиру: *"Как это будет? Работать на американку? Смогу ли я оправдать ее ожидания?"* Когда дверь открылась и мы с Соней встретили ее теплой улыбкой, мама Люба сразу же решила: *"Я пришла домой!."* В ее сердце воцарился мир, и она поняла, что Бог определенно действует в ее жизни.

Однажды кто-то принес Любе домой стопку книг. В этой стопке была Библия, Люба взяла ее в руки, но так и не открыла ее. Она была практически уверена, что не сможет понять учения Библии. Условием работы в команде команде "Тайтус" было заучивание наизусть отрывков из Священного Писания и регулярное посещение библейских занятий. Вернувшись со встречи со мной, Люба с нетерпением открыла Библию. Это было началом нового жизненного этапа - познание удивительной личности Иисуса Христа. В итоге Мама Люба приняла Христа как своего личного Спасителя, стремясь быть Его верной ученицей.

"Во-первых, Бог хотел меня научить меня, тому, кто Он есть, а затем тому, что Он хочет, чтобы я делала для Него, - свидетельствует сегодня мама Люба. - *Я восхищена тем, как Он заботился обо мне, ведя меня буквально шаг за шагом от коммунизма к познанию Христа. Во-первых, Он подарил мне ребенка, о котором я молилась. Во-вторых, Он сделал Его присутствие очень реальным для меня в Иерусалиме. Сегодня я знаю Иисуса Христа, и теперь я дитя Божье. Мир и радость в буквальном смысле этого слова, наполняют мою душу!"*

ИСТОРИЯ СЕМЬДЕСЯТ ТРЕТЬЯ

ИСТОРИЯ НАТАШИ

"Всегда радуйтесь. Непрестанно молитесь. За всё благодарите…
(1 Фессалоникийцам 5:16-18а)."

Другого выбора у меня не было. Пришло время, надо было что-то делать со своими волосами. Мне нужна была хорошая завивка. Жизнь в Молдове имеет свои плюсы. Наташа, парикмахер, была готова приехать ко домой, сделать завивку на дому. Ей очень нравилось работать с химикатами для завивки привезенными из США, ведь после их использования волосы оставались мягкими и естественными, а не как обычно пересушенные, при использовании отечественных химикатов.

Мы с Олей, которая проводила тот день со мной, были рады приезду Наташи, тому, что у нас будет возможность поговорить с ней на духовные темы. Несколько лет назад Наташа обратилась ко Христу, но прогресс в ее духовном росте был медленным. *"Расскажите нам о себе"*, - попросила я Наташу, пока она накручивала мои волосы на бигуди. *"Я пишу книгу, собираю истории разных людей. Поскольку мы знаем тебя довольно давно, я хотела бы написать и о тебе"*, -сказала я. Наташа была рада моей просьбе, даже если ей придется вспомнить о довольно печальных событиях своей жизни.

Мама Наташи, с которой она была очень близка, умерла через две недели после свадьбы Наташи и Федора. Как им хотелось, чтобы мама увидела их малыша. Наташа ужасно скучала по маме, но была рада, что вышла замуж за прекрасного человека, отца ее ребенка. Когда Андрею было пять лет, его папа, Федор, поехал со знакомым бизнесменом из Венесуэлы полетать на параплане. Наташа сама часто летала с мужем на параплане, он всегда уверял ее, что эти полеты довольно безопасны, ничуть не опаснее любого другого вида спорта. Однако в тот день он оказался неправ.

Когда Федор и бизнесмен начали снижаться, летя на параплане, одно из крыльев параплана сломалось. Упав с высоты, они оба трагически погибли. Узнав об этом, Наташа была настолько потрясена, что почти год со дня трагедии не обращала внимания на своего маленького сына. К счастью, о нем заботилась Наташина сестра. Наташа говорит: *"Спустя годы, придя в себя от шока, я поняла, что после потери мужа у меня остался сын, Андрей. Андрей сказал мне: "Мама, я все еще у тебя. Я не умер." Бог напомнил мне о том, что в свое время Он дал мне мужа, который утешал меня после смерти мамы, так и мой маленький сын является для меня утешением после смерти мужа."*

"Вы можете рассказать мне о похоронах?" - спросила я. - *Американцам будет очень интересно узнать подробности."* *"Да, спустя семь лет я могу об этом рассказать,* - сказала Наташа. - *Тело привезли домой в гробу, там оно пролежало два дня. Тело Федора нельзя было бальзамировать, так как при падении у него оторвало голову. Нужно было срочно хоронить. Многие люди приходили посмотреть на тело и выразить свои соболезнования. По обычаю, семья умершего готовит обед для всех, кто желает прийти на поминки после погребения. Идея в том, что если мы кормим людей после погребения, тогда можем быть уверены, что наших близких тоже кто-то покормит в загробной жизни. Тяжело было готовить еду всю ночь перед похоронами, а потом еще накрывать*

столы, ломящиеся от разных яств, обслуживать гостей за столами. Мне так хотелось плакать, рыдать, скорбеть, но мне не позволено было себя так вести. Напротив, мне было велено перестать плакать и приступить к работе!" -пояснила Наташа.

"Когда Федор погиб, - рассказывает Наташа, - *мы должны были купить новую одежду, подушки, одеяла и ковры, чтобы подарить их близким родственникам. Таким образом, мы могли быть уверены, что у Федора будет все необходимое на небесах. На это надо было потратить много денег, но мы со своей стороны, хотели сделать все возможное, чтобы Федор был обеспечен всем необходимым в загробной жизни. Все, что мы раздаем другим на земле, будет дано нашим умершим близким на Небесах. Я рада, что теперь знаю истину* , - улыбается Наташа. - *Что бы ни происходило в моей жизни, у меня есть Бог, который утешает и позаботится обо мне. Я изучаю библейские доктрины, по книге, которую вы мне подарили, и с удовольствием нахожу ответы на свои вопросы в Библии. Я узнала столько всего нового."*

К этому времени мои волосы были приведены в полный порядок. Оля одобрительно улыбнулась, глядя на заметную перемену. Довольная результатом завивки, я подарила Наташе косметику, которую кто-то дал мне в США. *"Это же мои цвета!"* - воскликнула Наташа.

- *Я рада, что они тебе нравятся. Изначально я выбрала другие оттенки для тебя, а затем помолилась и остановилась на этих цветах.*
- *Вы молитесь об этом?* - спросила Наташа.
- *Ну, да, я часто молюсь в течение дня о многих вещах"*, - заверила я ее. *"В Библии сказано, что мы должны непрестанно молиться .*
- *Я тоже так хочу!* -сказала Наташа. - *Если Богу не безразлична палитра моей косметики, Он определенно будет слушать меня, когда я буду говорить с Ним о других вещах* , - решила она.

— *Ты Его дитя,* - напомнила я Наташе, - *и Бог хочет, чтобы так же, как ты с удовольствием делишься с нами, рассказывая нам об Андрее, ты делилась с Ним всем, что тебя волнует."*

Надеюсь, что духовный урок, полученный Наташей в тот день, будет более долгосрочным, чем завивка на моей голове. Слово Божье говорит: *"Непрестанно молитесь."* Это повеление приносит свои плоды. В восемнадцатом стихе сказано: *"За все благодарите....."* Когда мы молимся, Бог отвечает нам на наши молитвы, мы в свою очередь призваны благодарить Его за отвеченные молитвы. В шестнадцатом стихе сказано: *"Всегда радуйтесь."* Этот цикл можно продолжать постоянно: радоваться, молиться, благодарить, радоваться, молиться, благодарить и т.д.

ИСТОРИЯ СЕМЬДЕСЯТ ЧЕТВЕРТАЯ

МОИ ПИТОМЦЫ

"Нехорошо взять хлеб у детей и бросить псам. Она сказала: так, Господи! но и псы едят крохи, которые падают со стола господ их (Матфей 15:26-27)."

Я посмотрела библейский комментарий, и была поражена, обнаружив в нем множество упоминаний животных, начиная с Ветхого Завета и заканчивая Новым, книгой Откровение. Животные упоминаются в разных контекстах, но обычно в рамках какого-то духовного учения.

Размышляя над этой темой, я вспомнила всех домашних питомцев, которые были у меня, пока я жила в Молдове. Наблюдая за их поведением, я довольно часто обращала внимание на то, что у каждого из них свои особенности. Например, Юлечка - симпатичная маленькая породистая собачка - очень любит печенье. Она частенько подходит ко мне, садится у моих ног, выпрашивая печенье, моргая своими красивыми большими карими глазами. Сердце мое смягчается, и я бросаю печенье своей любимице. Юлечка смотрит, нет ли поблизости того, кто может отобрать его, хватает печенье и бежит в безопасное место - собачьей лежанке у входной двери.

И тут начинается самое интересное, Юлечка ждет, пока кто-нибудь скажет: *"Я хочу твое печенье!."* Если рядом никого нет, чтобы подразнить ее, она будет лаять до тех пор, пока кто-нибудь не спросит: *"Что случилось?."* Поняв, что собака хочет поиграть, ей обязательно скажут: *"Я хочу твое печенье!."* В ответ Юлечка тут же сгрызает его, уверенная в том, что окружающие умирают от зависти, желая получить ее печенье.

Иногда, правда, Юлечка уносит печенье на свое спальное место и сидит там важно, охраняя его. Если к ней подойдет кот Принц, чтобы "украсть и съесть" ее лакомство, Юлечка незлобно зарычит. Я тоже могу дразнить ее, делая вид, что забираю печенье. Тогда Юлечка принимает позу нападения.

Духовное применение. Иногда Бог дает нам то, о чем мы Его долго и настойчиво просили. Получив ответ, мы можем стать собственниками объекта своей привязанности. Если Он попросит нас пожертвовать им, значит мы Ему не доверяем. Иов хорошо подытожил это, сказав: *"Господь дал, Господь и взял; да будет имя Господне благословенно!"* Иов 1:21

Одной из особенностей Юлечки является ее способность спокойно сидеть на коленях в течение всего библейского урока. Когда преподаватели и студенты института встают на заключительную молитву, Юлечка вскакивает и бежит к двери комнаты. Она спокойно сидит там у выхода, вытянув лапы, опустив голову, пока не прозвучит последнее *"Аминь"*, она тут же вскакивает и начинает лаять: *"Хочу печенье!."* Юлечка четко усвоила, что пока не прозвучит последнее "аминь", она ничего не получит.

Еще есть Джесси, немецкая овчарка. Она жила в этом доме, который мы арендуем. Джесси - прекрасная собака. Многие члены команды "Тайтус" боятся Джесси, поэтому ее приходится крепко держать за ошейник, прежде чем они осмелятся открыть ворота и войти в дом. Незнакомые люди, стоя перед калиткой в ожидании, пока кто-то откроет дверь, не на шутку пугаются Джесси. Свирепый лай Джесси действительно пугает.

В целом же Джесси - прекрасная собака, все, в чем она нуждается, это большая кость рано утром и сытный обед из черного хлеба с куриными костями в полдень.

Мы, как дети Божьи, имеем в Его лице постоянную защиту. Находясь в общении с Богом, мы не должны бояться врага. Бог обозначает для нас границы безопасности. Мы должны быть осторожны, чтобы не выходить за пределы Его границ ради Себя и Его Славы. Если мы выйдем за пределы границ, став уязвимыми, мы можем встретить врага. В таком случае единственная надежда - бежать в безопасное место, к Защитнику.

Маленькая Каштанка - симпатичная дворовая собака каштанового цвета, взятая из собачьего приюта в раннем возрасте. Ее мозг, кажется, воспринимает только два слова: энергия и еда. Каштанка настолько энергичная, что, кажется, может перепрыгнуть высокий забор, установленный вокруг дома. Сначала я думала, что это просто щенячья энергия, и несколько расслабилась. Но эта энергия растет пропорционально ее возрасту, скоро приближается ее второй день рождения. Возможно, дело в ежедневном приеме витаминов.

Каштанка с удовольствием носит различные предметы, складируя их то у задней, то у передней двери дома. Открывая одну из этих дверей, ты никогда не знаешь, что лежит на пороге в данный момент. Иногда игрушка Каштанки, иногда это могут быть палки, листья, кусок бечевки или даже коврик. Она постоянно занята беготней туда-сюда, от двери к двери, за исключением тех случаев, когда останавливается на несколько минут, чтобы поесть.

Несмотря на все проделки Каштанки, я ее просто обожаю. *"Почему?"* - спросите вы. Ответ прост. Именно я выбрала Каштанку, осматривая весь помет щенков. Из всех этих милых маленьких вихлястых щеночков именно щенок каштанового окраса очаровал мое сердце и продолжает очаровывать по сей день. Это наталкивает меня на мысль о том, что именно Бог избрал нас, сделал Своими детьми. Прекрасно зная о всех наших несовершенствах, Он любит нас и продолжает терпеливо действовать в нашей жизни, постепенно преображая нас в образ Своего Сына. Как меня умиляют неловкие проявления привязанности Каштанки! Подобно ей, я, осознавая свое неумение любить Бога, уверена, что могу вызвать восторг в Его сердце, сказав просто: *"Я люблю Тебя, Господи."*

Читая Слово Божье, размышляя над прочитанным, мы можем многому научиться, наблюдая как Бог действует в нашей жизни и жизни других людей, и, да, даже животные могут быть использованы Богом, чтобы преподать нам духовные уроки.

ИСТОРИЯ СЕМЬДЕСЯТ ПЯТАЯ

НАСТАВНИЧЕСТВО

"Когда же приидет Он, Дух истины, то наставит вас на всякую истину: ибо не от Себя говорить будет, но будет говорить, что услышит, и будущее возвестит вам (Иоанна 16:13)."

Это был последний день день обучения в девятнадцатом наборе института подготовки преподавателей воскресной школы. В течение трех недель студенты и наставники добросовестно работали, готовясь к тому моменту, когда каждый из них должен будет провести библейский урок перед всем классом. Это был кульминационный момент всей программы обучения. Студенты добросовестно занимались до тех пор, пока наставники не убедились в том, что они достаточно подготовлены к преподаванию детям.

Группа была разновозрастная - от старших подростков до людей среднего возраста. Некоторые студенты приехали из небольших сел Молдовы, другие - из Кишинева, несколько человек - из Украины, а кто-то - даже из Узбекистана. Преподаватели почли за честь работать со столь разнообразной аудиторией, готовя подопечных к успешному преподаванию библейских уроков.

Студентка из Узбекистана провела прекрасный урок. Ее наставник и остальные члены команды были весьма впечатлены ее преподавательскими способностями. Бог дал ей возможность учиться в институте, готовя ее к служению в Узбекистане. Христиане в Узбекистане подвергаются жестоким гонениям, им не разрешается проводить собрания в общественных зданиях. Они могут собираться только в частных домах. Люба очень хочет вернуться в Узбекистан со всеми своими материалами и навыками, чтобы преподавать детям уроки в воскресной школе. Возможно, впереди ее ждет много страданий, но она полна решимости служить Христу теми дарами, которые Он ей даровал.

В первый день занятий студентам института сообщили, что в последний день обучения они должны будут преподать библейский урок. Они были в шоке. *"Как это возможно? - спросили они. - Как мы можем всего за три недели так хорошо подготовиться?" "За каждым из вас будет закреплен наставник, который будет работать с вами в течение всего процесса обучения, - пояснила я.- Ваша обязанность - следовать указаниям наставника. Он четко знает, какую цель мы ставим перед вами, и будет помогать вам день за днем, пока вы не будете достаточно подготовлены к преподаванию."*

Три недели пролетели быстро. Все старательно учились. Проводились практические занятия, студенты ежедневно занимались со своими наставниками в индивидуальном порядке. Все упорно трудились час за часом, день за днем. Наступил последний день обучения. Студенты были готовы. Показательные уроки были представлены. Буквально все наставники и все студенты были довольны. Цель была достигнута, студенты были готовы приступить к служению, вверенному им Богом, преподавая библейские уроки детям.

Живя на земле, Иисус, как заботливый учитель, говорил Своим ученикам, что настанет день, и Он покинет их. Однако придет Дух Святой, который наставит их на всякую истину. Дух

Святой, в свою очередь, призван исполнить Свою миссию, помочь нам преобразиться в образ Сына Божьего. Как это было возможно? Как мы можем достичь столь высокой цели?

Дух Святой - наш наставник, проводник и учитель. Он знает, как действовать в жизни человека, вполне преданного Богу. Шаг за шагом, день за днем Он готовит учеников Христа к их будущему, моменту, когда те предстанут перед Отцом. Давайте будем послушны Духу Святому, наставляющему нас на всякую истину. Он готовит нас к будущему. Святой Дух - наш верный Наставник.

ИСТОРИЯ СЕМЬДЕСЯТ ШЕСТАЯ

ВЗРЫВООПАСНЫЕ ПИСЬМА, НАБЛЮДЕНИЯ И "МАКДОНАЛЬДС"

"Посему не убоимся, хотя бы поколебалась земля и горы двинулись в сердце морей (Псалом 45:3)."

Я стояла у входной двери американского посольства в Кишиневе, терпеливо ждала, пока охранник оформит документы тех американцев, которые уже успели войти передо мной. Наконец, подошло мое время, и тут, когда я проходила досмотр на предмет безопасности, раздался сигнал. Это был мой мобильный телефон. Сдав паспорт и телефон, я в сопровождении посла прошла в конференц-зал. Три джентльмена из Вашингтона прибыли для проведения трехчасового семинара по безопасности.

Первым выступил посол США, который предупредил собравшихся, что жить в Республике Молдова уже не безопаснее, чем в США, как часто думают американцы. В Кишиневе проживают жители Ближнего Востока, поэтому американцам следует вести себя довольно скромно, предпринимать меры

ВЗРЫВООПАСНЫЕ ПИСЬМА, НАБЛЮДЕНИЯ И "МАКДОНАЛЬДС"

личной безопасности, поскольку основными целями террористов, как правило, являются американцы.

Следующие несколько часов приехавшие из Вашингтона подробно рассказывали о том, как именно предпринимать меры личной безопасности. Нам, американцам, было настоятельно сказано не приносить в дом никакие письма или посылки, которые могут показаться подозрительными, так как почтой могут быть отправлены письма-бомбы. Нас предупредили, что наши как стационарные, так и мобильные домашние телефоны прослушиваются. Вся наша электронная почта прослеживается, следовательно, необходимо с осторожностью относиться к содержанию писем.

Нас, американцев, учили, как реагировать, если за нами кто-то следит. Очень важно не стать для преступника "легкой мишенью", не форсировать конфронтацию, обращая внимание на детали внешности подозреваемого, в том числе на его одежду. При поездке в такси правильнее сидеть на заднем сиденье, чтобы случае необходимости схватить водителя за шею, если он начнет ехать не в том направлении, в котором ему было сказано.

Агент безопасности, читавший лекцию, настоятельно рекомендовал нам, американцам, никогда не думать, что *"со мной этого не случится."* Находясь за пределами своего дома, важно проявлять повышенную бдительность. Если на вас напали, продолжайте двигаться, шуметь и т.д. Отвлекайте нападающего. В случае взрыва бомбы следует бежать. Даже радиоволны могут вызвать движение воздуха, что приведет к взрыву. Соблюдайте тишину. Если в качестве оружия используется ручная граната, у жертвы есть всего 3-5 секунд, чтобы среагировать. Следует немедленно упасть на землю, поставив ноги ближе к гранате. Прикрыть лицо. Гранаты как правило взрываются вверх и наружу.

В какой-то момент во время проведения семинара открылась дверь конференц-зала. Услышав шум, мы все буквально подскочили на своих стульях. Самой трагичной для меня стала новость, что придется воздержаться от похода в Макдональдс. Эти заведения являются американским символом и, возможно, будут одним из первых зданий, ставших объектом атаки.

В то время. как докладчик выступал перед аудиторией, я размышляла: *"А если бы что-то случилось прямо сейчас, куда бы я побежала? Куда бы я подалась?"* Затем я подумала: *"Наверное, я бы побежала к докладчику за защитой. Он лучше всех знает, как лучше поступить в чрезвычайной ситуации. Он наверняка защитил бы меня и дал бы мне ценные указания о том, как следует действовать."* Эта мысль помогла мне почувствовать себя в безопасности.

В нашей жизни мы нуждаемся в защите. Давайте бежать к Тому, Кто является нашим убежищем и скалой спасения. Он надежный помощник в бедах, не будем бояться, Господь Бог Саваоф с нами. Остановитесь и поразмышляйте над этим.

ИСТОРИЯ СЕМЬДЕСЯТ СЕДЬМАЯ

ВСЕ НЕ ТАК, КАК КАЖЕТСЯ НА ПЕРВЫЙ ВЗГЛЯД

"Теперь мы видим как бы сквозь тусклое стекло, гадательно, тогда же лицом к лицу; теперь знаю я отчасти, а тогда познаю, подобно как я познан (1 Коринфянам 13:12)."

Для понимания особенностей другой культуры часто требуются годы. Это работает в обе стороны: нашей культуре может не хватать понимания другой, а та культура, в свою очередь, не всегда может понять нашу. Как четко и философски подчеркнул это Сережа после того, как я долго допытывалась у него о мотивах непонятного мне поведения местных жителей: *"Мисс Лорин, я пришел к выводу, что мы, живущие в Молдове, не можем всецело понять вашу американскую культуру, так же как и вы, американцы, не можете всецело понять нашу молдавскую культуру."*

Одним из примеров является вручение подарков местным жителям. Когда я даю им подарок, получатель, как правило, не решается его принять и говорит: *"Я себя так неловко чувствую"*, - забирает подарок, откладывает его в сторону, не открывая его в присутствии дарителя. Меня честно часто обижало такое поведение. Я привыкла к тому, что американцы с нетерпением ждут подарка, сияют улыбками, бурно благодарят и торопливо разрывают упаковку, чтобы узнать его содержимое.

"Разве они не хотят посмотреть, что я им подарила? - спрашивала я.- *Похоже, они не ценят мое выражение любви и дружбы."* Я регулярно использую эту культурную особенность на своих библейских занятиях, чтобы проиллюстрировать, как Бог желает, чтобы мы с благодарностью и признательностью принимали Его дар спасения. Ему, безусловно, не нравится, что мы медлим с получением того, что не можем заслужить. Его дар спасения - это результат благодати, а не наших дел. Мы должны выражать свою признательность и благодарность с полной отдачей.

Слушатели, как правило, очень внимательны, всячески стараются угодить мне всякий раз, когда я раздаю подарки. *"Постарайтесь вести себя так, чтобы дарителю было тоже приятно, а не только вам как получателю подарка"*, - неоднократно наставляла я. В итоге, когда кто-то из членов команды "Тайтус" получает подарок, в мой адрес звучат слова благодарности: *"О, спасибо Вам большое, мисс Лорин! Мне очень нравится этот подарок!"*

После того, как члены команды "Тайтус" усвоили этот урок, они в свою очередь в течение трех недель пытаются донести его до студентов института по подготовке преподавателей воскресной школы. В течение этого времени члены команды объясняют студентам, как те должны реагировать при получении подарков. По мере того, как новые студенты усваивают этот урок, их довольные наставники улыбаются в знак одобрения, качая головами.

И вот, наконец, это случилось. Я поняла смысл фразы: *"Мне так неудобно."* Что же на самом деле имеют в виду местные жители? Я наконец поняла. Это просто означает: *"Я действительно не ожидал, что тебе придется что-то дарить мне в доказательство своей дружбы. Я не придаю этому подарку большее значение, чем тебе. Поэтому я отложу его в сторону и сосредоточусь на наших отношениях и времени, которое мы проведем вместе. Подарок, я могу открыть позже."*

Как же наша перспектива отличается от Божьего взгляда на вещи! В некотором смысле мы являемся представителями двух разных культур с одним существенным отличием. Мы не можем полностью понять Его пути, однако Он в свою очередь всецело понимает наши. Сейчас мы отчасти видим, как через тусклое стекло, то, что Бог делает за сценой. Когда-нибудь мы увидим Его лицом к лицу, поймем Его мысли и Его пути. Получим ответы на все наши вопросы, будем знать то, чего не знаем сегодня.

Сегодня, когда над нами буквально нависла угроза войны, мы можем не понимать всего происходящего, но давайте доверять Богу, Суверенному и Всемогущему, всецело Контролирующему ситуацию в мире. Мы с вами можем быть уверены в Его защите, находясь под сенью Всеведущего и Всезнающего Бога.

ИСТОРИЯ СЕМЬДЕСЯТ ВОСЬМАЯ

"ВАЛЕНТИНКА" ОТ ГОСПОДА

"Ибо отец мой и мать моя оставили меня, но Господь примет меня (Псалом 26:10)."

Это был День святого Валентина, и мы с командой "Тайтус" решили устроить вечеринку, наслаждаясь очередным поводом для праздника. Мы вкусно поели, обменялись подарками, восхищаясь неожиданными сюрпризами. Среди нас был новый член команды, белокурый славянин, с широкой улыбкой, Слава. *"Ровно пять лет назад я узнал о любви Иисуса. Через четыре дня я принял Его как своего личного Спасителя. Это такое счастье - знать Иисуса!"* -сказал Слава.

Мы все были очень рады за Славу, разделяя его восторг о важном решении, принятом пять лет назад, поскольку в свое время все испытали радость спасения и умиротворение, которое наступает после посвящения себя Христу. Вечеринка в честь Святого Валентина продолжалась, мы буквально наслаждались любовью Христа, излитой в нас Духом Святым.

Детство Славика была довольно сложным. Его отец был алкоголиком и часто уходил из дома. После его смерти, когда

"ВАЛЕНТИНКА" ОТ ГОСПОДА

Славику было всего десять лет, мать снова вышла замуж. Мамин новый муж также сильно пил и не проявлял к пасынку абсолютно никакой привязанности. Ситуация стала еще более невыносимой после рождения сводного брата. Вся родительская ласка и внимание достались новорожденному. Славик почувствовал себя одиноким.

К подростковому возрасту его сердце буквально изнывало, пытаясь заглушить душевную боль, Славик пристрастился к алкоголю. *"По крайней мере, - думал он, - я могу общаться с ровесниками, быть частью компании, вместе веселиться и пить."* Он вел очень беспорядочный образ жизни. Всячески ища помощи, не находил ее. Однажды один из его бывших одноклассников встретил Славика на перекрестке, где тот договорился собраться с друзьями, намереваясь забыться с помощью алкоголя. Одноклассник остановился, спросив Славика, как дела. Удивившись самому себе, тот начал делиться с ним своими сердечными переживаниями по поводу неудовлетворенности жизнью.

"Пойдем завтра со мной в церковь", - предложил одноклассник. - *Я познакомлю тебя с человеком, которому ты точно не безразличен."* *"Меня не интересует церковь"*, - ответил Славик. - *Буду жить, как жил."* *"Я зайду за тобой завтра вечером, вместе пойдем на собрание"*, - настаивал его бывший одноклассник. *- Будь готов."*

На следующий день он зашел за Славой, как и обещал. На улице было очень холодно, и Славику не хотелось идти в церковь, но друг был весьма настойчив. Славик сдался. Вместе они преодолели много километров, идя в церковь при сильном холодным ветре. Когда они приблизились к зданию, Славик увидел, что в темноте светятся огни маленькой церкви. Он до сих пор помнит, как ему стало тепло. Когда молодые люди подошли к входной двери, Славик почувствовал, что его удерживает какая-то мощная сила. Он понял, что не может пошевелиться. *"В чем дело?* - спросил его бывший одноклассник. *"Я не могу пошевелиться. Я не могу сделать шаг!"* - ответил Славик.

Другу пришлось буквально затолкнуть Славика в дверь. Услышав звук открывающейся двери, прихожане повернули головы. Многие сразу узнали Славика, в городе у него не самая лестная репутация. Увидев, что он вошел в церковь, некоторые дамы прослезились. Они бросились его встречать и предложили Славику присесть у маленького обогревателя, чтобы согреться. От любви, проявленной этими скромными людьми, Славику стало тепло как внутри, так и снаружи.

Представили пастора, приехавшего посетить церковь, он встал. Им оказался член команды "Тайтус" Славик Юшак. Его проповедь, так тронула сердце Славика, что через четыре дня он полностью отдал свое сердце Христу.

Славик не раз вспоминал, как он шел домой домой в три часа ночи после своего обращения в доме бывшего одноклассника: *"Ветра не было, красивые крупные снежинки мягко падали на землю. Мир казался белым и чистым. Самое главное, я знал, что мое сердце чисто, потому что Иисус омыл мои грехи. Внутри я теперь был белее снега! Я чувствовал Божью любовь и знал, что у меня есть Небесный Отец, который любит меня всем сердцем. Какой подарок Он сделал мне в День святого Валентина, когда привел меня в маленькую церковь, где я услышал о Его любви. Боль прошлого сменилась Христовой радостью!"*

Мать и отчим Славика отвернулись от его, Господь взял на Себя заботу о Славике. Какое утешение знать, что человек никогда не остается без любящих родителей. Поскольку Бог, Отец, отдал Свое сердце, послав Сына Своего, Иисуса, на смерть за нас, чтобы мы стали Его любимыми детьми - Его "Святым Валентином."

ИСТОРИЯ СЕМЬДЕСЯТ ДЕВЯТАЯ

БУКЕТ ТЮЛЬПАНОВ

"Цветы показались на земле; время пения настало...(Песня Песней 2:12а)."

День начался с тяжелым сердцем. Президент США дал президенту Ирака и его сыновьям сорок восемь часов на то, чтобы покинуть страну, иначе будет объявлена война. Оказавшись на другом конце света, в той части мира, где должны были развернуться события, вдали от родины, я вдруг почувствовала себя совсем одинокой.

Я знала, что члены команды "Тайтус" любят меня, как маму, они были хорошими детьми, лучше, чем многие дети биологических родителей. Я знала, что команда "Тайтус" осведомлена об угрозах террористов и антиамериканских настроениях, растущих в Молдова. В то же время я знала, что члены команды молоды и во многом неопытны. Они могли наслаждаться безопасностью своей собственной культуры, у них были семьи и друзья рядом. Как они могут понять, что происходит на самом деле?

Юлечка, моя маленькая породистая собачка, сегодня утром буквально потребовала, чтобы я ее взяла на руки вместо того, чтобы, по своему обыкновению, улечься под теплое пуховое одеяло. Мне было приятно, что моя любимица лежит у меня на руках. Могла ли крошечная Юлечка почувствовать, что что-то не так? Я проверила свое расписание на день. В самом низу списка значилось: *"Встреча по терроризму в американском посольстве в 18:00."* Какие планы донесут до нас сегодня вечером? Призовут ли граждан США вернуться в Штаты? Теперь мое сердце действительно разрывалось. Как я могла подумать о том, чтобы оставить команду, соработников, своих "детей"?

Время, проведенное в молитве, придало мне сил. Я закончила читать книгу Притчи, прочла псалмы, сорок пятый и девяностый. Какое утешение! Мое обращение к Отцу Небесному, под крыльями которого я пыталась жить, дало мне чувство защищенности. Я представляла себе, как Он нежно, с любовью обнимает меня, подобно тому, как я обнимала Юлечку и нежно говорила с ней.

Мало-помалу начали собираться члены команды. Первыми пришли преподаватели, потом - наш повар Инна и домохозяйка мама Люба. Славик, отвечающий за уход за территорией, попросил маму Любу: *"Переведи, пожалуйста, вот эту информацию, которую я нашел в брошюре. В ней говорится о различных видах семян трав."* Мысли о возможном скором начале войны оставили меня, мне следовало сосредоточиться на выполнении текущих задач, связанных с работой института.

Студенты собирались на практическое занятие, готовясь к финальному представлению библейского урока в предстоящую пятницу. Суета, царившая в доме, была вполне объяснима. Где-то глубоко внутри в какой-то момент я вновь ощутила одиночество. *"Наверное, надо подумать, о чем сегодня написать в письме"*, - подумала я, открывая ноутбук. Ранее я планировала написать о том, как Бог послал мне открывалку для консервов. Но именно сегодня история с открывалкой казалось была неактуальна. *"Мисс Лорин, можно войти?"* - спросили члены команды

"Тайтус", ожидавшие у входа в офис перед началом рабочего дня. *"Да, конечно, проходите"*, -сказала я с улыбкой, несмотря на тяжесть на сердце.

Когда они вошли в офис, Коля протянул правую руку, держа в ней шикарный букет красных тюльпанов. Команда "Тайтус" со слезами на глазах заверяла меня в своей любви. Они действительно понимали меня. А самое главное, им было не все равно.

В Молдове по-прежнему лежат большие сугробы, некоторые из них начинают таять, оставляя за собой грязь. Несмотря на снег, крошечные побеги растений на клумбе перед домом пытаются пробиться к свету. Весна уже на пороге. Скоро зацветут фруктовые деревья. Запоют птицы, подует теплый ветерок.

В период "суровой зимы" нашей жизни, сталкиваясь с неопределенностью и возможными опасностями, мы можем быть уверены в Божьем присутствии, в Его участии в нашей жизни. Он обнимает нас, прижимая к Себе, если мы позволяем Ему это сделать. Если мы будем внимательно наблюдать за происходящим, то увидим букеты тюльпанов, которые Он принесет в нашу жизнь, чтобы убедить нас в том, что Он действительно понимает нас. Мы можем обрести утешение и безопасность только в Его неизменных обещаниях. Давайте доверять Ему сейчас как никогда.

история восьмидесятая

ДОРОЖИТЕ ВРЕМЕНЕМ

"Дорожа временем, потому что дни лукавы...(Ефесянам 5:16)."

"О, нет, вода хлещет на пол! Что случилось с водопроводной трубой под раковиной? Помогите! Нужно отключить воду и вызвать сантехника!" -сокрушалась я, полная отчаяния. пытаясь справиться с очередной бедой. Мой переводчик позвонил сантехнику, отвечающему за обслуживание нашей квартиры. Он явился с маленькой жестяной коробочкой, в которой лежали шурупы, плоскогубцы, шпагат, пластик и куски веревки. Когда он открыл свой ящик с инструментами, я просто уставилась на него. У меня было намного больше инструментов, чем у него. Желая помочь, я предложила мастеру надежную изоленту из своих запасов, чтобы обмотать поврежденную трубу.

Выразив ему глубокую благодарность за помощь, я с щедростью предложила сантехнику оставшуюся часть изоленты. Он с довольством положил ее в свою маленькую жестяную коробочку и, улыбаясь, уже собирался уходить, тогда я решила, сделать ему еще один подарок в виде книги библейскими историями, начав свой рассказ об Источнике жизни.

После возвращения из США, где я впервые за девять лет миссионерства праздновала Рождество, у меня сильно разболелась спина. Возвращаясь в Молдову я с трудом дотащила два переполненных чемодана, увесистую ручную кладь и объемную дамскую сумочку до стойки регистрации в аэропорту, повредив при этом спину. Не удивительно, что спина болела и по приезду.

В течение последующих двух недель мне ежедневно делали массаж, но облегчения не было. Во время массажа мы с мамой Любой общались с Ольгой, пока она работала с мышцами моей спины. Ольгу интересовало мое отношение к гражданам Молдовы. Я ей разъяснила свою позицию и перешла к объяснению Евангелия.

В один из дней я подарила Ольге книгу библейских историй. Она была в восторге от такого подарка. Ольга знала одну маленькую девочку, изучающую английский язык, которая была бы рада получить подарок от настоящей американки. Так Благая Весть достигла маленькой девочки и ее семьи.

"Представляете! - заметил Дэйв Маркум, прибывший из США через Париж, чтобы провести семинар для пасторов в Молдове. - *Один из моих чемоданов потерялся, и теперь нам придется снова ехать в аэропорт, чтобы забрать его. Я же планирую завтра уехать из Кишинева."* Документы были оформлены, и Сережа, мой помощник, получил задание съездить за багажом в аэропорт. Да, это было неудобно, но выбора не было.

Спустя несколько дней, когда Сережа собрался выходить из дома, направляясь в аэропорт за потерянным багажом, я вручила ему книгу с библейскими историями, в которой после каждой главы были вопросы для размышления: *"Давайте подарим ее той женщине в аэропорту, она была так добра и отзывчива в сложившейся ситуации. Она не похожа на большинство сотрудников аэропорта. Она определенно заслуживает благодарности."* Сережа отнес книгу женщине, та в свою очередь выразила огромную благодарность, принявшись с воодушевлением читать ее содержание.

"Мои волосы нуждаются в завивке, - вздохнула я, глядя в зеркало и вздрагивая от вида своих волос. Они были похожи на мочалку. - *Позвоните, пожалуйста, Наташе и договоритесь, чтобы она приехала в любое удобное для нее время сделать мне завивку."* Наташа приехала, захватив все необходимые парикмахерские принадлежности. Раствор для химической завивки был нанесен на волосы, от его запаха можно было задохнуться.

Мы разговорились, и вскоре Наташа начала задавать вопросы на духовные темы. После того, как химическая завивка была сделана, а волосы накручены на обычные бигуди, Наташа встала на колени для молитвы. Она приняла в свое сердце Иисуса как Спасителя.

Многие наши проблемы - это возможность, которую дает нам Бог, чтобы поделиться Евангелием с теми, кто, возможно, не слышал его ранее. Важно научиться превращать эти проблемы в подходящие поводы рассказать другим об Иисусе Христе, о Его жертве за их грехи. Время коротко, мы должны заниматься тем, к чему Бог призывает каждого из нас, - делиться Евангелием.

Давайте дорожить временем. Любое непредвиденное событие может стать еще одной удивительной возможностью засвидетельствовать другим о спасительной благодати. Бог не хочет, чтобы кто-то погиб, будь то сантехник, массажист, работник аэропорта или парикмахер. Иисус умер за всех! Мы должны быть Его верными свидетелями. Вечность длится вечно.

ИСТОРИЯ ВОСЕМЬДЕСЯТ ПЕРВАЯ

ХОРОШИЙ ОТЧЕТ

"Повинуйтесь наставникам вашим и будьте покорны, ибо они неусыпно пекутся о душах ваших, как обязанные дать отчёт; чтобы они делали это с радостью…(Евреям 13:12а)."

Закончился еще один напряженный учебный день в институте подготовки преподавателей воскресной школы. Преподаватели команды "Тайтус" усердно и добросовестно работали со студентами, излагая жизненно важную информацию, призванную помочь им быть более эффективными в своих церквях, школах и в других местах, куда Бог призовет их служить. Наставники трудились, помогая студентам отработать полученные знания, приобрести навык преподавания, что требовало от них много сил и терпения. К концу девятичасового рабочего дня все устали.

"*Пора уходить*, - напомнила я им.- *Вам необходимо отдохнуть, чтобы быть свежими, готовыми к завтрашнему дню.*" Члены команды "Тайтус" готовясь к выходу, надели громоздкие зимние пальто, намотали на шею шерстяные шарфы, желая защититься от холодного ветра, дующего снаружи, натянули теплые ботинки. "*Спасибо за все, мисс Лорин*", - сказал каждый из членов команды, открывая перед выходом входную дверь. "*За что спасибо?*"

спросила я, не переставая удивляться самоотверженности пятнадцати человек, помогавших мне руководить институтом. *"За то, что разрешили нам здесь работать, за вкусную еду в обед, за то, что Вы делаете для нас столько всего хорошего,"* - отвечали они.

"Вы выполняете свои обязанности с минимальным контролем. Вы никогда не жалуетесь, неделю за неделей довольствуясь одним и тем же меню. Именно вы преданны Иисусу Христу и проявляете истинное мужество, трудясь для Христа, а не для меня. Это я должна сказать вам "спасибо. Как ваш лидер, могу вам сказать что, вы приносите мне много радости", - ответила я, обнимая каждого из них. - *Когда-нибудь на небесах, придет время мне давать отчет о том, как вы работали под моим руководством, я смогу сделать это с огромной радостью."*

После их ухода я задумалась: *"А как же я? Благодарю ли я Бога за то, что Он дал мне возможность служить Ему, выполнять то, что Он доверил мне сделать? Думаю ли я, что делаю Ему одолжение, или осознаю, что служить Богу - это моя привилегия? Служу ли я другим с радостью и благодарностью? Часто ли я останавливаюсь и говорю: "Спасибо Тебе, Господи, за то, что Ты проявил Свою благосклонность, выбрав меня для выполнения Твоих поручений?"*

Прославляя Отца нашего Небесного, мы тем самым выражаем Ему свою благодарность за то, что Он позволяет нам служить Ему. Доставляя Ему радость своей благодарностью, давайте повиноваться Ему, подчиняясь руководству нашего доброго Пастыря, чтобы однажды Он мог с радостным сердцем воскликнуть: *"Хорошо, добрый и верный раб." В малом ты был верен, над многим тебя поставлю. Войди в радость Господина Твоего!"*

ИСТОРИЯ ВОСЕМЬДЕСЯТ ВТОРАЯ

ЖЕЛАНИЕ ЭММЫ

"Славлю Тебя, Отче, Господи неба и земли, что Ты утаил сие от мудрых и разумных и открыл младенцам. Ей, Отче! Ибо таково было Твоё благоволение (Луки 10:21)."

Жарким летним днем молодой пастор Виталий и его беременная на большом сроке жена Кристина ехали в машине. Испытывая сильный дискомфорт от жары и внезапно почувствовав тягу к чему-то особенному, что довольно часто испытывают будущие мамы, Кристина воскликнула: *"О, как же я хочу мороженое!."* *"О, да! - ответил Виталий, - А я хочу на луну!."* Их маленькая дочь Эмма двух с половиной лет, сидевшая на заднем сиденье и слышавшая разговор родителей, промурлыкала: *"А я хочу на небо!."*

Родители Эммы были в шоке от ответа своей маленькой дочери, но чему удивляться? Они с ранних лет учили ее красоте Божьего творения, любви Иисуса и славе Небес, которые ожидают тех, кто любит Его. Маленькая Эмма была полна желания и готова к небесам.

Кристина выросла в не христианской семье в отличие от ее дочери. Она родилась вне брака, ее отец был членом мафии. Кристину явно не воспитывали на библейских принципах, и в возрасте Эммы самое большое желание Кристины было завернуто в рожок мороженого.

Прошло много лет, прежде чем Кристина услышала Евангелие Иисуса Христа. Потребовалось время, чтобы она, смирившись, склонила свои колени перед Христом, приняв Его как своего личного Спасителя. Добрый Пастырь нашел свою заблудшую овечку и привел ее в Свою семью. Он однозначно любит Кристину, хочет дать ей все самое лучшее.

Виталий вырос в христианской семье. Встретив Кристину, полюбил ее. Несмотря на то, что их воспитание было в корне противоположным, Бог свел их пути в браке. Как же качали люди головами в недоумении, когда видели, что дочь известного мафиози выходит замуж за баптистского проповедника. У Бога был свой замысел, сегодня эта молодая пара представляет собой сплоченную команду, служащую Христу.

Сейчас маленькой Эмме три с половиной года. Она продолжает интересоваться духовными вопросами. Она останавливается и спонтанно молится в любом месте. Настаивает на том, чтобы ее бабушка по материнской линии, не познавшая Христа, научилась молиться, и не допускает ответа "нет." Бабушка, часто краснея от смущения, соглашается молиться. Бог однозначно работает в сердце женщины, через настойчивость внучки.

Виталий, Кристина, Эмма и малыш Никита - источник вдохновения и радости для тех, кому они служат. Их искренняя любовь к ближним видна всем, церковь, в которой они служат, растет духовно и умножается. Самое главное, они знают, что духовные истины, которым они учат других, находят место в сердце их маленькой дочери. Эмма - ребенок, который, как утверждали врачи, никогда не появится на свет. У Бога были другие планы, Он послал Эмму в их семью, продолжая делиться с этой малышкой Своими ценными вечными уроками.

Для того, чтобы Бог открыл нам Свои духовные истины, недоступные мудрым и благоразумным, мы с вами должны умалиться и стать как дитя. Ибо если мы не станем как малые дети, то не войдем в Царство Небесное.

На чем основана ваша система ценностей? Хотите ли вы только то, что можно ощутить пятью чувствами, например, рожок мороженого, или, может быть, вы желаете чего-то недоступного вашему пониманию, например, попасть на луну? Надеюсь, что мы, как маленькая Эмма, жаждем вечных ценностей, которые можно понять только тогда, когда Бог открывает нам их.

ИСТОРИЯ ВОСЕМЬДЕСЯТ ТРЕТЬЯ

ИСТОРИЯ ОТ ЧИТАТЕЛЯ

"Посему и Бог превознёс Его и дал Ему имя выше всякого имени… (Филиппийцам 2:9)."

Вчера один из моих читателей, прочитав историю Эммы, написал мне свой отклик. Я подумала, что вам должно быть будет интересно почитать его. Сегодня я не планировала писать письмо, так как только закончила писать пятьдесят библейских историй. Мне определенно необходимо взять выходной от писанины. Ценю Ваше понимание.

В институте все идет замечательно. У нас отличная группа, способные студенты, ответственные преподаватели, а это прекрасное сочетание. Хотела бы я, чтобы вы увидели реквизит, который румынская театральная команда сделала для наших будущих программ. Они просто удивительны. Может быть позже у нас будет возможность сфотографировать их и прислать вам, чтобы вы могли увидеть их.

Спасибо всем за молитвы о нашем здоровье. Никто не заболел. Вокруг нас много болеющих, мы все здоровы. Мы знаем, что многие из вас молятся об этом. На улице все еще много снега, но мы надеемся, что весна не за горами. Желаем вам хорошего дня, а теперь история присланная одним из моих читателей.

***

В канун Рождества я ехала к родителям с семьей брата. Пятилетний Джон Майкл ехал в моей машине, а остальные племянники со своими родителями в минивэне. Чтобы скоротать время, я начала задавать Джону вопросы. За каждый правильный ответ он получал пенни, а затем мог обменять его на никель, десять центов, четвертак и т.д. Вопросы были самые разные: от "Какая столица штата Джорджия?" до "Сколько будет три плюс пять плюс один?" и "Как называется группа рыб?."

Я сказала ему, что у бабушки и дедушки в семье девятнадцать человек. За каждого названного человека я буду давать ему один пенс. Он сразу же перечислил всех членов семьи тети Мэри, своей семьи, затем назвал меня. Я подчеркнул: "У бабушки и дедушки еще есть....." Он немного подумал и сказал: "Господь." Я немного опешила и сказал: "Ну, да, Иисус - часть нашей семьи, но Он не один из девятнадцати." Он ответил: "А должен быть. Он должен быть номером один! Он наша семья!"

ИСТОРИЯ ВОСЕМЬДЕСЯТ ЧЕТВЕРТАЯ

ПЕСНЬ ХВАЛЫ НА ОПЕРАЦИОННОМ СТОЛЕ

"Буду петь Господу во всю жизнь мою, буду петь Богу моему, доколе есмь (Псалом 103:33)."

Ион Мирон - один из пасторов румыноговорящей команды "Тайтус." Он зрелый молодой человек с искренним сердцем, всецело преданный Христу. Его видение - достичь Евангелием тысячу молдавских сел, основать новые церкви во многих из них. Именно Ион молился и постился об открытии приюта для бездомных мальчиков и девочек; именно Ион видел необходимость в строительстве большого здания церкви в Теленешть, упорно добиваясь воплощения своей мечты.

Пастор Ион женат на Валентине, благочестивой женщине, которая считает, что быть женой пастора - это ее служение перед Богом. Бог благословил их двумя детьми, Руфью и Рубеном. В один из дней они узнали о том, что ждут еще одного ребенка. Конечно, супруги обрадовались, что Бог посылает им еще одного ребенка.

ПЕСНЬ ХВАЛЫ НА ОПЕРАЦИОННОМ СТОЛЕ

Все шло хорошо, пока примерно на восьмом месяце беременности у Валентины не начались проблемы. Походы к врачам стали обычным делом, так как ее состояние продолжало ухудшаться. В один из дней врач сказал: *"Надежды на спасение ребенка очень мало."* Валентина и Ион были потрясены. Они попросили людей вокруг молиться об их ребенке. Я также разослала письма по электронной почте с просьбой о молитвенной поддержке. Божий народ в разных странах молился о еще не рожденном младенце. Проходя это испытание молодая пара была полна решимости доверять Богу, прося Его прославиться во всем. Прогнозы врача свидетельствовали о серьезности ситуации.

Начался девятый месяц беременности. Смертность восьмимесячных детей в Молдове очень высока. Валентине назначали операцию кесарева сечения, так как у нее была обнаружена серьезная инфекция. Если операцию не сделать незамедлительно, жизнь матери окажется под угрозой. Мы все усердно продолжали молиться, особенно в день, когда была назначена операция. Валентину привезли в операционную, положив на операционный стол. Врачи, медсестры, ассистенты врача - все были готовы к проведению операции. Операция началась.

Вдруг раздалось пение поклонения Богу. В помещении воцарилась тишина. Медицинский персонал был ошеломлен. Женщина на операционном столе пела во время проведения операции. Песня продолжались до тех пор, пока в палате не раздался громкий крик новорожденного. Врачи осмотрели малыша. Они были потрясены. Маленький Дэниел был совершенно здоров. *"Мы только что стали свидетелями настоящего чуда*, -восторженно восклицали медики. - *Этому нет абсолютно никакого объяснения!"*

Мы верим в Бога, проявляющего Свой суверенитет в жизни тех, кто всецело доверяет Ему все обстоятельства жизни. Наш Бог не ограничен ни законами природы, ни действиями людей.

Он суверенный Бог. Валентина вознесла хвалу Богу, которому верила от всего сердца еще до того, как малыш появился на свет. Позже, когда было явлено чудо спасения малыша и его мамы, Богу было вознесено много других хвалебных песен. В чем проявляется наша вера? Богу должно быть приятно, что Валентина не постеснялась прославить Его, полагая, что Он поступит так, как посчитает нужным, прославив тем самым Свое Святое имя. Какое замечательное свидетельство для окружающих о величии Бога.

Да, Даниил рождён чудесным образом. Нам остается ждать продолжения истории, наблюдая за тем, как он будет расти и исполнять свое предназначение. Пусть Бог использует этого ребенка для Своей славы! Верим в то, что однажды о Данииле скажут: *"Он свидетельствует о великом Боге чудес все дни жизни своей, да, даже с первых мгновений своего рождения."*

Давайте сегодня испытаем свою веру. Доверяем ли мы Богу настолько, что поем Ему песни хвалы до того, как что-либо должно произойти в нашей жизни, или же ждем, когда это произойдет? Какой выбор сделали Павел и Сила, находясь в тюрьме? Каков был результат выбора?

ИСТОРИЯ ВОСЕМЬДЕСЯТ ПЯТАЯ

КОРСЕТ ДЛЯ НАДИ

"Итак, если вы, будучи злы, умеете даяния благие давать детям вашим, тем более Отец ваш Небесный даст блага просящим у Него (Матфея 7:11)."

Надя была студенткой в первом наборе института по подготовке преподавателей воскресной школы, который проводила команда "Тайтус." Я рада была видеть Надю в числе студентов, так как давно наблюдала за этой девушкой в церковном хоре. Надя всегда выглядела радостной, возвышая свой голос в песнях хвалы. Она была новообращенной христианкой, не так давно принявшей Христа как своего личного Спасителя, после того, как ее друзья, тоже новообращенные христиане, поделились с ней Евангелием. Выросшая в не христианской семье, Надя понятия не имела чему учит Библия. Но уже через короткое время окружающие стали свидетелями ее динамичного духовного роста.

В тот же период молодой человек, не интересовавшийся духовными вопросами, предложил Наде выйти за него замуж. Однако она понимала, что Бог не хочет, чтобы она приняла предложение Юрия, при этом она очень любила его и не хотела потерять. После долгих уговоров Надя согласилась выйти замуж за Юрия. С тяжелым сердцем она пошла со своим женихом в ЗАГС подавать документы для оформления брака. Стоя у стойки в ожидании подачи документов, Надя вдруг развернулась и выбежала из кабинета. Юрий выбежал за ней, умоляя ее передумать, но Надя не согласилась.

Уже во время её учебы преподаватели института обратили внимание, что Надя очень хорошо рисует. Ее театральные способности также впечатлили всех нас, я предложила Наде присоединиться к команде "Тайтус." Буквально за несколько недель до моего предложения Надя начала молиться, прося Бога дать ей служение. Она очень хотела посвятить свою жизнь служению Христу. В течение многих лет Надя страдала от боли в шейном отделе позвоночника, со временем боль начала отдавать в голову и в спину. Она не знала, как именно справиться с болью, молилась и просила Бога о руководстве.

Однажды, придя к врачу, чтобы сделать прививку от кори, Надя увидела открытую дверь в кабинет окулиста. *"Может быть, мне стоит проверить зрение"*, - подумала она. В результате обследования, после консультаций со специалистами было установлено, что у Нади искривление верхнего отдела позвоночника. Ей было прописано ношение корсета.

"Куда мне обратиться, чтобы подобрать корсет? -спросила Надя у врача. *"Насколько я знаю, в Молдове на данный момент их нет* , - ответил врач. - *Честно говоря, я даже не знаю, что посоветовать Вам. Если Вы где-то найдете корсет, то это будет чудо."* Обескураженная ответом врача, Надя вернулась домой. Ей определенно нужен был корсет, а найти его было почти невозможно..... *"Так,* - подумала Надя, - *я буду молиться, просить Бога, чтобы Он восполнил мою нужду."* Надя обратилась в молитве к Богу, доверив Ему решение этой проблемы. Во время молитвы зазвонил телефон. Это была одна из ее подруг из церкви, интересующаяся, как обстоят дела. Надя рассказала о визите к врачу, но не уточнила подробности о своей нужде в корсете.

"Полгода назад мой друг прислал мне из США небольшую коробку с медицинскими принадлежностями, - подумала я. - Может быть, там есть что-то, что может мне пригодиться. Почему бы мне не проверить ее содержимое? Я знаю, что коробка где-то здесь!" Я принялась искать коробку с медикаментами. К своему удивлению, среди прочих медицинских принадлежностей, я обнаружил новый корсет для шеи. Мне не терпелось позвонить Наде и сказать, что Бог ответил на ее молитву. Наде нужен был корсет, она попросила Бога восполнить ее нужду, и Он ответил на ее молитву, как написано в Евангелии от Матфея 7:11. Неудивительно, что Бог поступил таким образом.

Бог всегда верен по отношению к Своим детям. Он точно знает, в чем мы имеем нужду, и обещает, что, как земной отец заботится о своих детей, так и Он позаботится о тех, кто просит Его об этом. В чем вы нуждаетесь сегодня? Просите ли вы Его о восполнении этой нужды? Молитесь с верой и будьте внимательны, наблюдая за тем, как Бог ответит вам на вашу молитву. Ему одному слава и честь!

ИСТОРИЯ ВОСЕМЬДЕСЯТ ШЕСТАЯ

ИИСУС ТАК СИЛЬНО ЛЮБИТ МЕНЯ

> *"Возлюбившему нас и омывшему нас от грехов наших Кровию Своею и соделавшему нас царями и священниками Богу и Отцу Своему, слава и держава во веки веков. Аминь (Откровение 1:5б-6)."*

Люда С. - относительно новый член румыноязычной команды "Тайтус", она усердно работает над освоением английского языка. Я всячески побуждаю всех членов команды изучать английский язык, поскольку на нем говорят во многих странах мира. *"Не бойтесь делать ошибки, -* убеждаю я их, *- на это нужно время."* Порой члены команды произносят такие причудливые выражения, которые в целом можно понять, но грамматически они совершенно неправильны. Так было вчера, когда Люде С. подарили видеокассету, о которой она тихо мечтала последние несколько месяцев.

Разбирая учебные материалы, я наткнулась на несколько видеокассет, выпущенных командой "Тайтус" около четырех лет назад. Я решила раздать их, думая о том, что кто-то из новых членов команды был бы рад получить подарок. Получив свой экземпляр, Елена, которая всегда держалась уверенно и корректно, начала буквально прыгать от радости. *"Я так рада, теперь и у меня есть эта видеозапись!"* - воскликнула она.

Люда С. тоже была в восторге, когда ей подарили видеокассету. Вместо того чтобы прыгать от радости, она громко провозгласила: *"Иисус так сильно любит меня!."* Какие чудесные слова, выраженные в хвале, прозвучали из уст человека, который в детстве чувствовал себя столь нелюбимым. Фраза *"Иисус так сильно любит меня"* громко и отчетливо звучала в моем разуме и сердце весь оставшийся день. Люда выросла в селе в очень бедной семье. Бедность Люда С. могла бы пережить, но жить с отцом-алкоголиком, который постоянно пил, было почти невыносимо. Он очень жестоко относился к членам семьи, и в какой-то момент Люда настолько отчаялась, что начала задумываться о самоубийстве.

Окончив школу, Люда С. приехала в Кишинев, поступила в училище на специальность "швейное дело." А затем в университет на математический факультет. Получив воспитание в семье, в которой мало интересовались духовными вопросами, Люда все еще была исполнена обид, разочарований, связанных с жизнью в неблагополучной семье.

Однажды кто-то пригласил Люду С. и ее друзей в церковь на молодежную встречу. Обрадовавшись такому радушному приглашению, исполненная желанием познакомиться с новыми людьми, Люда пришла. Вскоре она обратилась ко Христу, признав Его своим Господом и Спасителем. Ей так не терпелось поделиться этой радостной вестью со своей семьей.

Люда С. вернулась домой, чтобы рассказать своим близким о Христе. Православные родственники потребовали, чтобы мать Люды выгнала ее из дома. У отца Люды теперь появилось больше поводов делать ее жизнь буквально невыносимой. Изгнанная из семьи, Люда начала делиться Благой Вестью с окружающими. Бог благословил ее, и вскоре она стала студенткой Библейского колледжа в Кишиневе. Ей нравилось изучать Слово Божье, она очень хотела стать верной последовательницей Христа.

По окончании колледжа пришло время устраиваться на работу. Люда начала молиться об этой нужде. Бог положил ей на сердце, что перед поиском работы она должна пройти обучение в институте подготовки преподавателей воскресной школы. Какая же это была борьба! Люда С. так сильно нуждалась в средствах на пропитание. Бог же говорил искать прежде Его Царства, обещая, что все остальное приложится. Исполнившись веры, Люда С. подала документы и поступила в наш институт.

Преподаватели института были настолько впечатлены способностями Люды к драматическому искусству, что предложили ей присоединиться к команде. Теперь у Люды С. есть работа, о которой она даже и не мечтала. Как же она рада, что проявила послушание Богу. Сегодня Люда С. свидетельствует, что являются дочерью лучшего в мире Папы. Ее биологический отец по-прежнему не проявляет к ней никакой любви, но Люда говорит, что это уже неважно. Обида сменилась радостью. *"Почему ты воскликнула "Иисус так сильно любит меня!", Когда я дала тебе ту кассету?"* - спросила я. Люда улыбнулась: *"Я ничем не заслужила милость Небесного Отца. Он дает мне все самое хорошее. А самое главное, Он дал мне Своего Сына, Иисуса, Который так сильно любит меня!"*

Да, эта истина дороже всех сокровищ современного мира. Она дает нам утешение и безопасность, особенно в те моменты, когда никто не может восполнить нашу нужду. Будучи уверенным, что Бог заботится о нас, можно преодолеть любые испытания. *Да, Люда С., Иисус так сильно любит тебя, и меня тоже!* Этой истине могут радоваться абсолютно все.

ИСТОРИЯ ВОСЕМЬДЕСЯТ СЕДЬМАЯ

ЩЕДРОСТЬ ЛИЛИ

"Давайте, и дастся вам: мерою доброю, утрясённою, нагнетённою и переполненною отсыплют вам в лоно ваше; ибо, какою мерою мерите, такою же отмерится и вам (Луки 6:38)."

В команде "Тайтус" есть две сестры, Лили и Нелли. Они выросли в бедной многодетной семье. Помимо девушек. в семье воспитывались еще восемь братьев и сестер. Крепкие узы семейной любви очевидны для всех окружающих. Сначала девушки помогали по хозяйству во время проведения института подготовки преподавателей воскресной школы. А затем я побудила их поступить в институт, довольно быстро обратив внимание на их способности к преподаванию. Благодаря своим способностям, Лили и Нелли быстро переквалифицировались в преподавателей института.

Вчера Лили пришла ко мне в кабинет, робко предложив мне конфету. Поскольку Лили никогда не делала мне личных подарков, я была очень удивлена и польщена. Большую часть зарплаты Лили отдавала своей семье, чтобы помочь им восполнить их многочисленные нужды. Она редко дарила что-то тем, кто ни в чем не нуждался. *"Спасибо, Лили, - сказал я. - Эта конфета выглядит очень аппетитно!"* По лицу Лили было видно, что она весьма довольна моей положительной реакцией. У меня возникла дилемма, с одной стороны, я постоянно слежу за количеством потребляемых калорий, плюс до обеда оставался всего час, а с другой стороны, мне очень хотелось съесть эту конфету по столь особому случаю, так скажем, побаловать себя:*"Мммммммммм, какая же вкуснятина."*

Была пятница, и преподаватели и студенты института уже подустали к концу недели обучения, мне хотелось побаловать всех чем-то особенным на обед. Угощение Лили подало мне хорошую идею. Инна, повар, сбегала в кондитерский магазин, купив каждому по две конфеты. Она выложила их в маленькие стеклянные вазочки, вызвав тем самым восторг и улыбки как преподавателей, так и студентов. Вот это угощение. Наслаждаясь одной из двух предназначавшихся ей конфет, Лили вдруг заметила: *"Я отдала одну конфету, а теперь у меня их целых две!"* *"Да, - добавил кто-то другой, -заметь, не только у тебя, подумай о том, сколько людей наслаждаются своими конфетами, и все благодаря тому, что ты пожертвовала одной конфеткой."*

Этот простой поступок Лили преподносит нам ценный урок. Бог призывает нас делиться с ближним тем, что у нас есть, обещая нам взамен изобилие. Давайте же смело делать шаги веры, будем проявлять щедрость по отношению к ближним. Конфета Лили - это лишь напоминание нам о том, что сильный Бог может одарить нас благами, если мы дадим Ему такую возможность. В результате чего благословение прольется не только на нас, но и на наших ближних. Бог пожертвовал всем ради нас. Меньшее, что мы можем сделать для Него, это предложить Ему малую часть того, что Он уже даровал нам.

ИСТОРИЯ ВОСЕМЬДЕСЯТ ВОСЬМАЯ

ПОНОШЕНИЕ, РАДОСТЬ, ВОЗНАГРАЖДЕНИЕ

"Блаженны вы, когда будут поносить вас и гнать и всячески неправедно злословить за Меня. Радуйтесь и веселитесь, ибо велика ваша награда на небесах: так гнали и пророков, бывших прежде вас (Матфея 5:11-12)."

Я была в шоке, человек, которому я так много помогла в жизни, теперь отвернулся от меня, назвал меня лгуньей, стал мне врагом. Почему? Я могла только догадываться, защищая того, кто также был ложно обвинен этим же человеком. Зная репутацию обвиняемого, мы с командой твердо решили встать на его сторону, оправдывая его перед обидчиком.

Этот поступок настолько разозлил обидчика, что в мой адрес начали сыпаться злословия, писаться обвинительные письма, призванные испортить мою репутацию. *"Почему я, Господи? -умоляла я Господа.- Ведь я всего лишь защищала невиновного человека от ложных обвинений. Другие члены команды относятся ко мне благосклонно, поддерживают меня. Почему эти поношения пали на мою голову? Что мне делать?"* И тут же слова из Священного Писания

ПОНОШЕНИЕ, РАДОСТЬ, ВОЗНАГРАЖДЕНИЕ

всплыли в моем разуме, пронзив мое сердце: *"Блаженны вы, когда будут поносить вас люди: радуйтесь и веселитесь, ибо велика ваша награда на небесах."* *"Точно!* -воскликнула я. *- Надо устроить праздник. Я хочу сделать что-то такое, что члены команды и студенты запомнят надолго."*

Схватив большую коробку дорогих шоколадных конфет, я сняла целлофановую обертку и открыла коробку. Хватит ли шоколадных конфет на всех? Я начала считать: раз, два, три, пока не убедилась, что каждому достанется по одной конфете. На всех, кроме меня, точно хватало. Взяв коробку в руки, я первым делом поспешила к членам команды, которые работали над реквизитом для театральных постановок, готовясь к занятиям. *"Как дела?"* -спросил один из членов команды. *"Я только что пережила гонения за Христа, так что мы будем праздновать это так, как повелел Иисус. Мало того* - продолжила я, - *лучшее еще впереди, ведь мне обещана огромная награда на небесах за пережитое."*

Проникнувшись моей столь убедительной речью, члены команды потянулись за шоколадками, поспешно вкушая сладости. Мы все были исполнены радости осознавая происходящее. *"А теперь я должен прервать урок и отпраздновать вместе со студентами"*, -восторженно сказала я. *"Они, конечно, подумают, что я сошла с ума, но этот урок они никогда не забудут."* Подумав об этом, я открыла дверь класса, извинилась за то, что прервала урок, и во всеуслышание заявила о праздновании. *"Что?"* - спросила одна из студенток, - *"что происходит?."* *"Я только что пережила гонения за Христа,* - объяснила я.- *Иисус говорит в Писании, что когда такое случается, мы должны радоваться и веселиться. И самое приятное, что меня ждет великая награда на Небесах. Интересно, какая?"*

Студенты наслаждались шоколадными конфетами, краем глаза поглядывая на странную миссионерку. Они знали, что Писание ясно говорит: когда нас будут гнать за имя Христово, мы должны радоваться, потому что нас ждет великая награда. Это урок явно был усвоен, они его никогда не забудут. А как же я? Мне не досталось конфеты. Разве я не должна праздновать? И тут я вспомнила, что в воскресенье в церкви в честь женского дня всем женщинам раздали по шоколадке "Сникерс." Зайдя на кухню, я бросилась к холодильнику. "Сникерс" был все еще там.

С ликованием в сердце я подошла к холодильнику, достала батончик и села наслаждаться лакомством. На сердце было легко и свободно. Я исполнила повеление Христа радоваться и веселиться. Боль прошла, впереди меня ждала великая награда. В следующий раз, когда вы окажетесь гонимы за Христа, радуйтесь. В результате вы испытаете огромную внутреннюю радость, а в будущем вам обещана великая награда.

История восемьдесят девятая

ОБЯЗАТЕЛЬСТВА ИННЫ

"Вся слава дщери Царя внутри; одежда её шита золотом (Псалом 44:14)."

Инна училась в экономической академии в Кишиневе. Так как она была способной и усердной студенткой, ее ожидало блестящее будущее. Во время учебы в университете она снимала комнату у пожилой христианки. Инна была убежденной атеисткой, выросшей в коммунистической семье. Хозяйка квартиры часто рассказывала Инне о Христе, и через некоторое время она начала интересоваться духовными вопросами. В какой-то момент пожилая женщина приняла решение проводить в своей квартире занятия по изучению Библии. В течение двух месяцев Инна внимательно слушала, наблюдая за процессом изучения Писания, много размышляя над услышанным. К моменту проведения последнего занятия Инна приняла решение посвятить свою жизнь Христу, приняв Его как своего личного Спасителя. Вместе с другими присутствующими на занятии Инна помолилась молитвой покаяния. И поднялась с колен новым творением во Христе.

ОБЯЗАТЕЛЬСТВА ИННЫ

Узнав о том, что я провожу уроки английского языка у себя дома, Инна изъявила желание присоединиться к занятиям. Она усердно занималась и добилась блестящих успехов, чем привлекла мое внимание, я заметила, что Инна - очень усердная ученица. После уроков английского языка было принято, проводить молитвенное собрание. На этих встречах мы делились своими молитвенными нуждами, ответами на молитвы, что очень сближало нас.

Однажды во время молитвенного собрания я спросила, есть ли у кого-нибудь молитвенная нужда, за которую мы всей группой могли бы помолиться. Инна сразу же подняла руку: *"У меня очень острая молитвенная нужда"*, -сказала она. *"Да, конечно. Мы обязательно помолимся о тебе , - ответила я. - Бог слышит и отвечает нам на наши молитвы!"* *"Пожалуйста, помолитесь обо мне , -* попросила Инна. *- Мне очень нужна работа. Я окончила университет, а работу не могу найти."* *"Ты умеешь печатать?"* -спросила я. *"Да, конечно"*, - ответила Инна. *"Как насчет того, чтобы помочь нам в команде "Тайтус"? Нам нужен человек, который умеет печатать, кто-то, кто будет составлять кроссворды для уроков воскресной школы, которые мы выпускаем"*, - предложила я. Так Инна присоединилась к команде "Тайтус." Вскоре она стала вести занятия по фланелеграфу в институте подготовки преподавателей воскресной школы, переводить письменные материалы для преподавателей воскресных школ, печатать на машинке, наставлять студентов, ездить с театральной командой и помогать мне в качестве переводчика на русский язык.

Имея сильное желание глубже изучать Писание, Инна записалась на библейские занятия, проходившие по субботам в библейском колледже в городе Кишиневе. Там она познакомилась с Агшином, молодым человеком из Азербайджана, который, приняв Христа как своего личного Спасителя, посещая курсы английского языка в Азербайджане, приехал в Молдову изучать богословие,

Инна и Агшин довольно быстро обратили внимание друг на друга, влюбившись. Вскоре они заговорили о браке. Агшин уехал в Азербайджан на полгода для прохождения практики, а Инна продолжила свое служение в команде "Тайтус." Перед Инной стоял большой выбор: с одной стороны, любовь к Агшину, с другой стороны, страх перед переездом в Азербайджан, исламское государство, где христиане сталкиваются с серьезными преследованиями. В итоге она вышла замуж за Агшина, посвятив себя служению Христу в Азербайджане.

Инна и Агшин не знают, что их ждет впереди: тюрьма, гонения или даже смерть. Они твердо решили следовать за Христом, посвятить свою жизнь Богу, жизнью или смертью. Заглядывая в сердце Инны, Бог видит Свою дочь во всей красе, в одежде из чистого золота.

Так ли мы преданы Христу? Готовы ли мы отдать свою жизнь, чтобы другие услышали Евангелие Иисуса Христа? Можем ли мы сказать, как апостол Павел, Инна и Агшин: *"При уверенности и надежде моей, что я ни в чём посрамлён не буду, но при всяком дерзновении и ныне, как и всегда, возвеличится Христос в теле моём, жизнью ли то, или смертью."* Филиппийцам 1:20

ИСТОРИЯ ДЕВЯНОСТАЯ

"ПЛОХИЕ" ПАРНИ

"Но благодатию Божиею есмь то, что есмь; и благодать Его во мне не была тщетна, но я более всех их потрудился…(1 Коринфянам 15:10а)."

"Опять этот задний ряд студентов", - вздохнула я, проводя занятия с группой студентов в библейском колледже. Поскольку изучаемый курс был *"Рост и развитие личности"*, я знала, что должна быть снисходительнее к некоторым особенностям поведения студентов. Абсолютно каждый из нас проходит определенный процесс изменений на пути к зрелости, порой этот процесс может быть довольно таки сложными. Ох, уж эти студенты с задних рядов.

Эти молодые ребята, по сути, не делали ничего плохого по отношению ни к однокурсникам, ни к преподавателю. Нет, им просто нравилось веселиться. Места на последнем ряду большой аудитории казались им идеальным местом для приятного времяпрепровождения. Они не принимали во внимание, что преподаватель, известный своим строгим отношением к дисциплине в классе, был не в своей тарелке.

Я приложила все старание, готовя лекции, которые, по моему мнению, должны были привлечь внимание студентов. Все те, кто сидел перед "плохими парнями" на задних рядах, внимательно слушали. Они буквально наслаждались ходом занятий. Временами те ребята, что сидели на последнем ряду, слушали, и я была весьма польщена этим. В других случаях требовался весь мой профессиональный опыт, чтобы удержать их в узде.

С этими энергичными молодыми людьми проводились личные беседы. Их отношение к моим лекциям было скорее озорным, чем вероломно неуважительным. Вскоре я узнала, что в школе некоторые из них прослыли "малолетними преступниками", теперь же значительно исправились. Все они в свое время посвятили свои жизни Христу, желая быть Его верными учениками.

К счастью, по большей мере мне удавалось находить общий язык с этими непростыми студентами, вплоть до того, что периодически я наслаждалась их безобидными выходками. Тем не менее я много молилась о мудрости и силе в общении с ними. Наконец наступил день окончания колледжа. В день вручения дипломов "плохие парни" сидели на сцене, одетые в мантии выпускников. Наконец-то они сидели спокойно в последнем ряду с серьезным выражением на лицах. Как же я была довольна их поведением в тот момент. Вскоре были названы их имена, один за одним они выходили вперед, для вручения дипломов:

Петр Литневский
Слава Гринь
Славик Юшак
Виталий Покидко
Валерий Белоус

Чем же занимаются "плохие парни" сегодня, пять лет спустя?

Петр Литневский и Слава Гринь служат Богу за полярным кругом. Славик Юшак всю неделю занят тем, что проповедует и учит в семи сельских церквях, за которые он отвечает. Виталий Покидко и Валерий Белоус три года назад основали церковь, которая динамично развивается, растет духовно и количественно. Они несут служение среди детей, молодежи, молодых семей - да, вплоть до пожилых людей.

Удивительно, что все все пятеро "плохих парней" являются активными членами команды "Тайтус" в Молдове, а я являюсь их лидером. Чтобы еще больше продемонстрировать Божью благодать, действующую в этой ситуации, я решила стать членом церкви, основанной Виталием и Валерием. Я поддерживаю все, что мои пасторы делают для Христа, я тот самый преподаватель, который раньше качала головой и сетовала: *"Что мне делать с этими "плохими парнями" в последнем ряду?."*

Дорогие учителя, родители и все те, кто работает с детьми и молодежью, помните, порой те, кого труднее всего учить, в процессе духовного роста становятся великим трофеем Божьей благодати и силы, действующей в них обильно. Может быть, и они, подобно Павлу, скажут: *"… не я, впрочем, а благодать Божия, которая со мною."* 1 Коринфянам 15:10б

ИСТОРИЯ ДЕВЯНОСТО ПЕРВАЯ

МУЖЕСТВО ЕЛЕНЫ

"Господь Сам пойдёт пред тобою, Сам будет с тобою, не отступит от тебя и не оставит тебя, не бойся и не ужасайся (Второзаконие 31:8)."

Я преподавала в Библейском колледже в Кишиневе, там впервые познакомилась с Еленой Василаки, студенткой одного из моих курсов. Елена была усердной студенткой с мягким характером, и мне было очень приятно быть ее преподавателем.

После окончания колледжа Елена вернулась в свою маленькую деревню, где жила с родителями. Они не были христианами и часто притесняли ее за твердую веру в Иисуса Христа. Ее семья не могла понять, как Елена могла так опозорить семью, оставив формальные религиозные церемонии и обычаи ради простого следования за Христом. Ее старший брат да и все члены ее семьи, похоже, получали удовольствие от насмешек по поводу "ее религии."

Три месяца спустя после возвращения домой Бог побудил Елену прочитать Второзаконие 31:8. Она поверила в то, что Бог говорит ей вернуться в Кишинев, нести служения для распространения Его Царства. Елене еще предстояло узнать, где она будет нести служение в большом городе, где будет жить и как выживать без дохода. Бог не давал покоя ее сердцу до тех пор, пока она не сдалась, собрала свой маленький чемоданчик, взяла все свои сбережения (5 долларов США) и уехала в Кишинев.

Для того чтобы оформить документы на получение диплома, Елена сначала обратилась в библейский колледж. Сотрудники колледжа сообщили ей, что оформление документов займет неделю, но на это время ей разрешили остаться в общежитии. Большую часть недели Елена провела в посте и молитве.

Пока оформлялись документы, Елена посетила несколько государственных школ, чтобы узнать, может ли она вести в них библейские уроки. В итоге в одной из школ ей дали добро, разрешив преподавать. Елена была в восторге. Теперь у нее было и служение. И хотя за преподавание библейских уроков не предусматривалось никакой зарплаты, ей было разрешено преподавать Библию в общеобразовательной школе.

В тот самый момент к Елене подошла одна женщина в церкви с вопросом, не хочет ли она жить у нее дома бесплатно. Полагая, что Бог ведет этим путем, Елена с радостью согласилась. Другая женщина увидела ее в церкви, спросила: *"Тебе нужны деньги на еду?."* Она дала Елене достаточно денег, чтобы та смогла прожить какое-то время, тщательно экономя каждую копейку.

Спустя несколько месяцев и я посетила церковь Елены. Я была весьма удивлена, увидев там свою бывшую студентку. Мы провели некоторое время беседуя, а на прощание я сказала ей: *"Если когда-нибудь тебе понадобятся материалы для служения, звони мне."* В тот момент я не знала, что Елена очень нуждается в деньгах.

Вскоре после той встречи Елена должна была выступить с программой в своей школе. Ей понадобились определенные материалы для проведения программы. Вспомнив о моем предложении, она набрала мой номер. Я была весьма рада помочь Елене. Во время того телефонного разговора, расспросив Елену о ее жизни и служении, я и узнала правду о том, что она остро нуждается в финансовой поддержке.

"Почему бы тебе не присоединиться к команде "Тайтус" и не помочь нам в нашем служении?" - предложила я. Для Елены это был очень неожиданный ответ на ее молитвы. Теперь у нее будет достаточно денег, чтобы поддерживать свое служение и заботиться о своих нуждах.

В какой-то момент отец Елены сильно заболел, и перед самой смертью он молился о принятии Христа как своего личного Спасителя. Вскоре и ее мама обратилась ко Христу. Теперь вместо того, чтобы препятствовать служению Елены, она всячески ободряет и поддерживает её в ее служении Богу. Самым большим сюрпризом стал день, когда старший брат Елены и его жена обрели спасение. На сегодняшний день ее брат является пастором церкви в той же деревне, в которой они выросли. Сегодня он претерпевает множество страданий и гонений за Христа со стороны окружающих, как когда-то он поступал по отношению к Елене. Жизнь брата Елены является огромным свидетельством Божьей благодати.

Многие дети познакомились с Иисусом Христом благодаря послушанию Елены, оставившей все, чтобы следовать за Ним. Она не всегда понимает Его путей, но продолжает доверять Ему. Например, однажды внезапно в одной из общеобразовательных школ отказались от ее преподавания библейских уроков. Елена была обескуражена. Прибежав ко мне домой в слезах, она рыдала: *"Я потеряла свое служение!"* "Не плачь, - успокаивая ее, ответила я. - *Это ответ на наши молитвы. Мы хотим начать румынское служение в команде "Тайтус" и ищем человека, который бы перевел все материалы с русского языка на румынский язык."*

После долгих молитв Елена приняла мое предложение, и в настоящее время она является лидером румыноязычного отделения института по подготовке преподавателей воскресной школы. Она владеет многими профессиональными навыками, но, на мой взгляд, самый значимый дар Елены - это ее огромная вера в Бога, которая так очевидна для окружающих. Именно верой Елена идет рука об руку с Тем, Кому доверяет буквально каждый свой шаг.

Елена - современный пример веры Авраама, Моисея и Иисуса Навина, тех, кто жил верой, не зная, куда ведет их Бог. Тот же самый Бог обещает вести нас путем, который Он избрал для нас. Отрадно отметить, что чем крепче наша вера, тем большее благословение ожидает нас в конце пути.

ИСТОРИЯ ДЕВЯНОСТО ВТОРАЯ

СЛОМАННЫЙ ЛОКОТЬ

"Да воздадут Господу славу, и хвалу Его да возвестят на островах (Исайя 42:12)."

Как я уже и писала раньше, самый большой страх миссионера, живущего в стране третьего мира, в самой бедной в Восточной Европе, - это страх заболеть или попасть в аварию, которая приведет к госпитализации. Медицинская помощь в Молдове в лучшем случае примитивна. Часто приходится молиться о хорошем здоровье и безопасности на дорогах страны.

У Бога всегда Свой взгляд на привычные нам вещи: *"Ибо Мои мысли - не ваши мысли, и пути ваши - не Мои пути, говорит Господь."* Исайя 55:8 В один из дней Бог допустил мое падение на цементный пол, в результате чего я сломала локоть. Все это произошло в первый день рождественских каникул.

В праздничные дни и так тяжело находиться вдали от семьи и близких, но начать празднование со сломанного локтя казалось невыносимым. Мы всегда можем положиться на Бога, Который любое обстоятельство в жизни может обратить во благо, что Он и сделал. Меня срочно доставили в больницу. Там мне сделали рентген локтевого сустава на оборудовании, которое выглядело так, будто отслужило уже порядка лет шестидесяти-семидесяти. Картина была довольно ясной. Кости локтевого сустава была сломаны. Это была неутешительная новость.

Врач был весьма компетентен, ему пришлось использовать тяжелую гипсовую повязку, чтобы зафиксировать локтевой сустав после вправления; меня отправили меня домой с четкими указаниями быть очень осторожной. Обычно такие переломы требуют хирургического вмешательства. Боль была довольно сильной в течение нескольких дней, а затем сошла на нет, однако мне пришлось носить тяжелый гипс на руке долгие две недели. Все вокруг молились о моем исцелении, и Бог ответил на наши молитвы.

К удивлению врача, через две с половиной недели кости срослись идеально, и гипс был снят. Мы ликовали, воздавая Богу хвалу за его чудесное вмешательство. Когда специалист по костной пластике из США узнал о моем скором восстановлении, он воскликнул: *"Это действительно чудо Божье!"*

Первый день рождественских праздников начался со сломанного локтя, в самый последний день сезона Рождества мне сняли гипс. Служение не пострадало, Бог был прославлен в каждом праздничном дне. Давайте принимать испытания, посылаемые нам Богом, прося Его прославиться через наши испытания и страдания. В конце концов, зачем Он нас создал? Разве не для того, чтобы прославлять Его?

ИСТОРИЯ ДЕВЯНОСТО ТРЕТЬЯ

УЛЫБКА ПРЕКРАСНОЙ НЕВЕСТЫ

> *"И я, Иоанн, увидел святой город Иерусалим, новый, сходящий от Бога с неба, приготовленный как невеста, украшенная для мужа своего* (Откровение 21:2)."

Галина выглядела великолепно, одетая в красивое белоснежное свадебное платье. К этому дню она готовилась несколько месяцев, и вот настал момент, когда она пойдет под венец. Рука об руку с женихом она пройдет по длинному проходу церковного зала, и перед тысячей свидетелей они будут обвенчаны, став мужем и женой.

Галина вспоминала, как она чуть было не вышла замуж за другого молодого человека, но, не находя душевного покоя, решила довериться Богу, веря, что Он приведет в ее жизнь человека, который будет ей по душе. Внутренний голос и отсутствие покоя убедили ее в том, что он не тот, кто ей нужен. Сегодня, в свой особенный день, она от всего сердца благодарила Бога за то, что Он воздал ее за терпение сполна.

Подойдя к Галине, ее жених нежно взял ее за руку, и они начали свой путь по длинному проходу в сопровождении дружков: Елены, Гали, Вениамина и Игоря. В течение двух с половиной часов они будут сидеть на сцене перед прихожанами церкви, находясь в центре внимания. Галина была полна решимости улыбаться на протяжении всей церемонии бракосочетания, к удовольствию всех, кто с интересом наблюдал за происходящим.

Закончилась первая проповедь, затем вторая, хоровое пение, сольное пение и выступление детского хора. Наконец наступило время третьей проповеди, ожидалось, что пара будет стоять во время третьей проповеди, обращенной к жениху и невесте. Галина продолжала улыбаться.

Помолились родители жениха, затем приемные родители невесты, пришло время молиться невесте. Она горячо благодарила Бога за то, что Он заботился о ней все те годы, когда она росла без родителей, привел в ее жизнь Тимофея, просила о том, чтобы помог ей быть хорошей женой и матерью. Слушая ее искреннюю молитву, люди не могли сдержать слез. Затем помолился Тимофей, пастор, после чего молодых объявили мужем и женой.

Приглашенных гостей ждал свадебный пир в столовой библейского колледжа. Буквально все гости жаждали сфотографировались с молодыми, образовалась длинная очередь, гости вручали супругам свадебные подарки, а затем фотографировались. Некоторые подарки были обернуты, другие были без упаковки. Галина все еще улыбалась. Она была такой счастливой невестой.

На столах появилось первое блюдо, рыбное ассорти. Затем мясное ассорти, овощное ассорти, разнообразные салаты. Пока гости наслаждались едой, началась праздничная программа. Славик и Алла были ответственны за ведение свадебной программы, и они прекрасно справились с этой задачей. Меня попросили поздравить жениха и невесту. Я подошла к столу жениха и невесты с большим пакетом в руках, читая поздравления от друзей невесты из США. Из пакета я достала фарфоровую свадебную куклу. При виде куклы гости так и ахнули, увидев ее близкое сходство с невестой. Галина была в восторге. Я говорила о том, что сегодня Галина выглядит красивой и очень влюбленной в Тимофея. Но ее настоящая любовь проявится тогда, когда она будет выполнять свои ежедневные обязанности по дому, готовя еду, стирая, убирая и т.д. - служа своему мужу.

Продолжалась программа. Были показаны сценки, некоторые из них, были поставлены театральной группой "Тайтус", музыкальные участия, сольное выступление Оли и несколько песен в исполнении Коли. Было сказано много пожеланий. Наступило время горячего блюда, нам подали вкуснейшую запеченную курицу и домашнюю лапшу. Программа все еще продолжалась. Время близилось к пяти часам вечера, гости порядком устали. Впереди нас ждал десерт- аппетитные фруктовые торты, украшенные дольками апельсина, киви и зернами граната. Они явно не могли остаться без внимания. Невеста продолжала улыбаться, поглощая торт и слушая бесконечные музыкальные участия и восторженные пожелания.

Наконец, пришло время разрезать свадебный торт. Жених и невеста удивили меня тем, что отрезали два куска, чтобы накормить друг друга. *"Прямо как в Америке!"* -воскликнула я. Мой энтузиазм был вполне вознагражден, когда невеста повернулась и отрезала мне толстый кусок шоколадного торта, пропитанного зефирным кремом. *"Прощай диета,* -тихо сказала я себе, - *пора побаловать себя!"* Невеста захихикала.

"Позвольте мне сделать последнюю фотографию для ваших друзей из США", -попросила я молодую пару. Молодожены подошли к свадебному торту и, прижавшись друг к другу, стали позировать для снимка. Этот снимок был признан лучшим из всех, сделанных в тот день. Невеста выглядела прекрасно, не переставая улыбаться.

Мы все с нетерпением ждем Нового Иерусалима, прообраза Невесты Христовой. Готовим ли мы свои сердца к брачному пиру Агнца? Делаем ли мы это с радостью и восхищением перед Тем, Кто столь дорогой ценой облачил нас в белоснежные одежды праведности? Доказываем ли мы свою любовь Христу, выполняя с усердием те задачи, которые Он поручил каждому из нас исполнить для Своей Славы? Выражаем ли мы Ему свою благодарность, оставаясь благочестивыми и довольными, или же постоянно ворчим и жалуемся на что-то? Давайте угождать Ему ежедневно, чтобы потом не жалеть об этом на брачном пире Агнца, пире празднования, который будет длиться вечно. Всю вечность мы будем радоваться и веселиться.

ИСТОРИЯ ДЕВЯНОСТО ЧЕТВЕРТАЯ

ВЫБОРЫ ПРИБЛИЖАЮТСЯ

25 числа этого месяца состоятся президентские выборы. Для граждан страны это важное событие, потому что коммунистическая партия, находящаяся сейчас у власти, пытается заручиться всеобщей поддержкой в надежде на переизбрание. Два года назад правительство обещало выделить земельный участок под строительство здания церкви, но так и не сдержало свое обещание. Сегодня правительство снова обещает выделить земельный участок. Пожалуйста, молитесь о том, чтобы документы, все юридические бумаги были подписаны до президентских выборов. Этот участок имеет стратегическое расположение и будет идеальным местом для строительства здания церкви, в котором мы так нуждаемся.

Две театральные команды усердно работают над подготовкой к служению в летнем лагере. Поставить пять новых спектаклей - сложная задача. Наступила весна, и это прекрасное время года в Молдове. Фруктовые деревья соревнуются друг с другом, пытаясь превзойти друг друга, демонстрируя свое прекрасное цветение. Не могу дождаться, когда через месяц или около того мы сможем есть фрукты. Даже новая трава на заднем дворе такая сочная, красивого изумрудного цвета.

Пожалуйста, молитесь о ситуации с церковным зданием. Мы рассчитываем на вас. Мы очень нуждаемся в ваших молитвах. Спасибо за вашу верность в служении.

ИСТОРИЯ ДЕВЯНОСТО ПЯТАЯ

СОКРОВИЩА ГРИГОРИЯ

> *"Не собирайте себе сокровищ на земле, где моль и ржа истребляют и где воры подкапывают и крадут но собирайте себе сокровища на небе, где ни моль, ни ржа не истребляют и где воры не подкапывают и не крадут, ибо где сокровище ваше, там будет и сердце ваше* (Матфея 6:19-21)."

Григорий, маленький пятилетний мальчик, живет в Молдове, ему был поставлен диагноз церебральный менингит. Окружающие, наблюдая за ним, были уверены, что он не выживет. Однако Бог вмешался в жизнь Григория чудесным образом, сохранив ему жизнь, что стало сильным свидетельством для всех, кто знал об этом случае. Находясь в больнице между жизнью и смертью, Григорий просил особенно молиться за него команду "Тайтус" и меня лично. Как только ему сообщили, что команда "Тайтус" молится за него, он медленно повернулся лицом к стене, готовясь ко сну и уверенно сказал: *"Теперь все будет хорошо."*

Спустя несколько месяцев, восстановив силы, Григорий пришел посмотреть театральную постановку команды "Тайтус." Он с удовольствием смотрел "Жизнь Христа", внимательно и вдумчиво слушая каждое слово. Вслед за этим представлением об Иисусе Христе была показана еще одна постановка.

Во второй части программы была поставлена история маленькой дочери миссионеров, служащих в Китае. У маленькой девочки была любимая кукла. Родители решили устроить рождественский праздник для китайских девочек, живущих в детском доме. Прихожанам было предложено пожертвовать игрушки для этого праздничного мероприятия. Мама предложила своей дочери пожертвовать куклу, что та с радостью и сделала, но только не свою любимую куклу, а другую, с которой редко играла. После нескольких дней борьбы в сердце девочки, она приняла решение пожертвовать свою лучшую куклу ради Христа. Она знала, что Бог дал ей самое лучшее, послав в этот мир Иисуса. Слушая эту историю, наблюдая за постановкой, многие сидящие в аудитории плакали. Григорий сидел тихо и размышлял.

Придя вечером домой, он достал все свои игрушки и разложил их в спальне. Затем выбрал несколько игрушек и отложил в сторону. Родители зашли в комнату, спросив, что он делает. *"Готовлю игрушки, чтобы отдать их сиротам"*, - ответил он. *"Я вижу, ты отобрал свои любимые игрушки и отложил их в сторону. Давай я помогу тебе упаковать остальные игрушки для сирот. Мы очень рады, что у тебя отзывчивое сердце и ты хочешь помочь другим"*, - сказал отец. *"Нет, папа,* - ответил Григорий, - *я хочу отдать свои любимые игрушки сиротам!" "Что?* - вскрикнула мама Григория. - *Почему бы не отдать нелюбимые игрушки, а любимые оставить себе? Дети никогда не узнают." "Бог узнает,* - ответил Григорий с невероятным пониманием и доверием. - *Бог пожертвовал всем самым лучшим ради меня, и я хочу пожертвовать все самое лучшее, что у меня есть, ради Него."*

Как мы относимся к жертве Григория? Где наши сокровища, что мы делаем со своими сокровищами? Ведь, где сокровища наши, там и сердце наше.

ИСТОРИЯ ДЕВЯНОСТО ШЕСТАЯ

РОДИТЕЛЬСКИЙ ДЕНЬ

"И не занимались баснями и родословиями бесконечными, которые производят больше споры, нежели Божие назидание в вере (1 Тимофею 1:4)."

Меня всегда поражает суета, которой предаются кишиневцы накануне празднования так называемого родительского дня. Стирать в те дни нельзя, так как считается, что вода от стирки просочится в могилы родственников, православные христиане идут на кладбище с сумками, коробками и корзинами еды, которую они приготовили, чтобы съесть у могил близких, раздавая ее другим в честь своих усопших близких.

Изучив историю Русской Православной Церкви, знаю, что родительский день наступает через неделю после празднования Пасхи и празднуется в воскресенье и понедельник. Этот праздник, известный в народе как Родительский день, празднуется гораздо большим числом людей, чем само пасхальное воскресенье, в которое не принято чествовать воскресшего Спасителя. По данным исследования, только пять процентов православных верующих посещают церковь в Пасхальный день, в то время как около девяносто пяти планируют поход на кладбище в родительский день.

РОДИТЕЛЬСКИЙ ДЕНЬ

Родительский день - это время, отведенное для того, чтобы почтить душу усопшего у его могилы. В православии принято кормить обедом пришедших на похороны людей, делается это в знак того, чтобы умерший был сыт в раю. В родительский день члены семьи умершего раздают еду, чтобы накормить души своих умерших родственников в потустороннем мире.

Я наблюдала за тем, как раздают всевозможное угощение: конфеты, печенье, хлеб и другие продукты, раскладывают в чашки, оборачивают в полотенца или выкладывают на тарелку. Даже если человек, получающий в дар еду, не знал умершего родственника, имя покойного упоминается в знак уважения к его душе.

Многие цыгане и калеки приходят посидеть и поесть вместе с семьями, собравшимися у могил. Православный священник ходит по кладбищу, возжигая ладан и произнося благословения для душ умерших. Каждый ритуал оплачивается деньгами в виде пожертвований. Отказ от услуг священника может навлечь проклятие на душу усопшего.

На большом кладбище есть небольшая православная церковь, куда можно было зайти и зажечь свечи за души усопших. Мне стало любопытно, и я решила зайти внутрь, чтобы посмотреть на происходящее. Войдя внутрь, я буквально не могла перевести дух. За день было зажжено столько свечей, что внутри церкви не хватало кислорода. Все, что я могла сделать, это поспешить выйти на свежий воздух.

Местные жители с нетерпением ждут этого дня, чтобы выпить в память об усопших, некоторые посетители кладбища от большого количества выпитого спиртного засыпают у могил. На них никто не обращает внимания, продолжая празднования Пасху мертвых, так ещё называют этот праздник в народе.

Христиане из протестантских церквей взяли за правило специально воздерживаться от посещения могил своих близких в эти два дня. По их мнению, если члены их семей обратились ко Иисусу Христу, приняв Его как своего Спасителя, то им не следует беспокоиться о пропитании усопших в духовном мире и платить за гарантию их благополучия в потустороннем мире.

В тот день мне так хотелось увидеть всё, что я слышала уже об этом празднике. Мы довольно долго ждали, когда же наконец сможем занять место в переполненном автобусе, чтобы уехать с кладбища. Как приятно было вспомнить слова апостола Павла: *"Не хочу же оставить вас, братия, в неведении об умерших, дабы вы не скорбели, как прочие, не имеющие надежды. Ибо, если мы веруем, что Иисус умер и воскрес, то и умерших в Иисусе Бог приведёт с Ним."* 1 Фессалоникийцам 4:13-14

В Молдове предстоит еще много работы. Истина Слова Божьего о жизни и смерти должна быть донесена до тюрем, школ, детских домов, общественных центров и церквей. Иисус сказал такие слова: *"Я есмь воскресение и жизнь; верующий в Меня, если и умрёт, оживёт. И всякий, живущий и верующий в Меня, не умрёт вовек. Веришь ли сему?"* Иоанна 11:25-26

ИСТОРИЯ ДЕВЯНОСТО СЕДЬМАЯ

ОПЕРАЦИЯ ГАЛИНЫ

Операции Галины была назначена на 10 число. Она много молились о том, чтобы Бог послал ей необходимые четыреста двадцать семь долларов для операции на глаза. Пожалуйста, молитесь о ней, мы знаем не один случай, когда пациенты после подобной операции становились слепыми. Галина очень благодарна Богу за финансы. Скоро мы узнаем окончание ее истории, а пока это *история без конца*.

Отец мамы Любы лежит в больнице, сегодня ему должны были сделать операцию на один глаз. Он не следует за Христом, и мы молимся о его спасении. Пожалуйста, поддержите нас в этих молитвах. Вчера у нас с Сережей произошел интересный случай, который и сегодня не выходит из головы. После воскресного служения мы пошли перекусить в "Макдональдс", обычно по воскресеньям мы обедаем именно там, за исключением тех случаев, когда нас кто-то зовет в гости на обед. После обеда мы обычно звоним знакомому таксисту, ждущему нашего звонка по воскресеньям, поскольку мы даем ему чаевые в размере 35 центов.

Вчера, когда мы садились в такси, на заднем сиденье сидел подросток лет двенадцати. Водитель сказал нам, что он сидит в машине, чтобы согреться. Его родители уехали в Москву. Я спросила, когда они вернутся. Он пожал плечами, как бы говоря: *"Не знаю."*

Мы рассказали таксисту о Христе, и поскольку вчера был праздник двадцать третье февраля, я попросила водителя подождать минутку. Мы с Сережей забежали в дом, взяли два сборника библейских историй, маленькую коробку конфет и около доллара в местной валюте. Это был хороший повод сделать им обоим подарки. Водителю мы подарили одну из книг и коробку конфет с поздравлениями к дню защитника Отечества. Вторую книгу и около доллара мы подарили Савве, чтобы он мог купить себе угощение.

Если Бог положит вам на сердце, пожалуйста, молитесь за Савву. Мы хотим помочь этому мальчику, насколько это возможно. Можете представить себе, что вам так холодно, что вы целый день сидите в такси, чтобы согреться? Есть такие жители Кишинева, которые ездят в троллейбусах в течение всего рабочего дня, чтобы иметь возможность согреться. В Молдове зима, на улицах огромные сугробы снега. Сегодня тоже весь день шел снег.

Спасибо, что читаете мои письма, спасибо за слова ободрения. Я убеждена, что именно Бог побуждает меня писать эти истории, буквально каждый день давая идеи для новой истории. У меня есть огромное желание прославить Бога в каждой из этих историй.

Нежданная, но столь приятная новость: правительство нашло "потерянные документы", которые мы оформляли два года назад, на получение в собственность земельного участка под строительство нового здания церкви. Посмотрим, что будет дальше. Нам говорят, что день выборов быстро приближается, а значит и у этой истории будет продолжение. В настоящее время на правительственной арене наблюдается бурная активность.

ИСТОРИЯ ДЕВЯНОСТО ВОСЬМАЯ

Я ХОЧУ ПОПАСТЬ В АД

"И кто не был записан в книге жизни, тот был брошен в озеро огненное (Откровение 20:15)."

При изучении Библии может возникнуть соблазн остановиться на славе рая и проигнорировать ужасы ада. Иисус подробно говорил своим ученикам о том и другом, уделяя особое внимание аду. Люди должны быть предупреждены о необходимости бежать от грядущего гнева.

В то время, как мы несли служение тысячам мальчиков и девочек в Одессе, к нам подошли несколько женщин, попросив: *"Пожалуйста, научите нас, расскажите и нам о Боге. При коммунизме нам не давали возможность изучать Библию, мы тоже хотим учиться."* Мы обрадовались такой возможности и сразу же начали проводить ежедневные занятия по изучению Библии с женщинами, приезжающими в одесский санаторий. На первые занятия приходило довольно много женщин, они все очень внимательно слушали нас.

Однажды во время изучения первого послания Иоанна женщина, сидевшая рядом со мной. воскликнула: *"Я хочу попасть в ад!."* Честно говоря, я была в шоке. Я никогда в жизни не слышала, чтобы кто-то делал подобные заявления. Стараясь сохранять спокойствие, я тихо спросила: *"Почему вы так говорите? Почему вы хотите попасть в ад?"* "Ну, потому что если то, что вы нам говорите, правда, *то моя мама в аду, а я хочу провести с ней вечность"*, - заметила Оля. *"Но там, в аду ты не сможешь вести с ней приятные разговоры и наслаждаться ее обществом"*, - ответила я. Я продолжила свой рассказ об ужасах ада. Оля молчала, размышляя над моими словами.

Мы продолжили изучение Библии, все внимательно слушали. Вдруг в середине урока Оля снова прервала наши размышления: *"Я хочу попасть в рай!"* -заявила она на этот раз. Как же я была рада. *"Давай вернемся к этому вопросу по окончании сегодняшнего занятия,"* -предложила я. *"Нет, нет,* - взмолилась Оля, - *я хочу решить этот вопрос прямо сейчас!"*

Мы прервали библейское изучение, и Оля помолилась о принятии Христа в свое сердце. Она была настолько радостна, что все остальные женщины по ее примеру спросили, можно ли им тоже помолиться молитвой покаяния. Это было удивительное библейское занятие. Я никого не призывала к покаянию, но Дух Святой коснулся их сердец, и все присутствовавшие женщины нашли Христа как своего Спасителя. Бог хочет, чтобы люди приходили к Иисусу, мы, со своей стороны, должны дать Богу свободу действовать в сердцах людей.

ИСТОРИЯ ДЕВЯНОСТО ДЕВЯТАЯ

СКАЛА ИЗБАВЛЕНИЯ

"Тогда пришёл к Саулу вестник, говоря: поспешай и приходи, ибо Филистимляне напали на землю. И возвратился Саул от преследования Давида и пошёл навстречу Филистимлянам; посему и назвали это место: Села-Гаммахлекоф (1 Царств 23:27-28)."

В одесском санатории у нас шло все хорошо: мы проводили библейские занятия с детьми и подростками, пострадавшими от последствий аварии на Чернобыльской АЭС в Украине. Директор лечебного учреждения, рассчитанного на тысячу пациентов, был доволен успехами детей, особенно в их духовном развитии. Это было достаточно удивительно, поскольку он был убежденным атеистом. Бог открыл двери проповеди Евангелия, у многих людей была возможность услышать Благую весть об Иисусе Христе.

Дети стояли по несколько часов в ожидании начала занятий, подростки с интересом слушали уроки, а взрослые умоляли разрешить посетить занятия, чтобы и они могли узнать библейские истины. Все прекрасно проводили время, не привлекая внимания руководства санатория, неспособного обеспечить должный уход за пациентами.

В один из дней я узнала, что миссионерский совет планирует отправить большой контейнер с гуманитарной помощью для пациентов санатория. У меня не было личных средств, чтобы обеспечить пациентов одеждой, едой и другими материальными благами, я была уверена, что директор санатория будет в восторге, услышав эту радостную новость. Мне не терпелось рассказать ему об этом. Да, действительно, он был весьма рад, что контейнер был уже в пути, но истинные мотивы его радости мне предстояло еще узнать.

Были подготовлены все необходимые документы, уже была известна дата прибытия контейнера. Мы все пребывали в состоянии ожидания, как вдруг директор заявил мне: *"Контейнер и все его содержимое - моя собственность!"* "Как так?" -возмущенно спросила я. *"На документах указан адрес санатория, поэтому по закону он принадлежит мне"*, - ответил мне директор. "Нет, нет, в документах стоит моя фамилия, а адрес, указанный в документах, - это моя прописка, так как я живу в санатории", - пояснила я. *"Нет, вы не получите этот контейнер. Я прослежу за этим. Когда он прибудет, мои друзья-мафиози встанут у дверей с оружием и конфискуют товар. Мы заработаем кучу денег на продаже всего, и вы абсолютно ничего не сможете сделать, чтобы остановить нас"*, - категорично заявил директор.

Мы были в шоке. Все, что мы могли сделать, это молиться; у нас, иностранцев, не было достаточно сил противостоять мафии или директору санатория. Нам казалось, что единственное, что осталось делать, это уповать на Божье вмешательство.

Утром в день прибытия контейнера, мы отправились в порт, где должен был разгружаться контейнер. Надеясь только на помощь Божью, мы с опаской подошли к контейнеру, гадая, что нас ждет. Все было тихо. На горизонте не было ни души, кроме одного служащего."А где директор санатория?" - спросила я."*Он уехал в Москву,* - ответил тот. - *Ему было дано правительственное указание ехать на экстренное совещание в Москву, он вынужден был отменить свои планы по разгрузке контейнера." "Ну что ж, тогда этим займемся мы, -радостно сказала я. - У нас есть необходимые документы, подтверждающие права на этот контейнер."*

Контейнер был разгружен весьма поспешно, все его содержимое было доставлено на склад. Насколько удивителен Бог, в которого мы верим. Он все устроил так, что ни мафия, ни директор санатория не притронулись к грузу, содержащемуся в контейнере. Наоборот, все его содержимое дошло до места назначения.

Порой мы абсолютно ничего не можем ничего сделать, чтобы контролировать ситуацию. Казалось бы, все выступает против нас, выхода нет. Однако важно помнить, что мы верим в суверенного и могущественного Бога. Никто другой не обладает такой силой и таким могуществом, как библейский Бог. Он есть скала нашего спасения, наш Села-Гаммахлекоф.

ИСТОРИЯ СОТАЯ

ЧЕТЫРЕХЛЕТНИЙ МИССИОНЕР

"И кто примет одно такое дитя во имя Моё, тот Меня принимает (Матфея 18:5)."

"Можно моей девочке посещать ваши библейские занятия?" - спросила мама Кати, пациентка одесского санатория. В санатории мы преподавали Библию сотням чернобыльских детей в возрасте от девяти до семнадцати лет, которые проходили лечение после страшной аварии на атомной станции в Украине. *"Сколько лет вашей дочери*, - спросила я. - *Мы работаем с детьми от девяти до семнадцати лет."* *"Кате четыре года, но она уже достаточно взрослая. Она будет вести себя хорошо. Я останусь с ней и буду следить за тем, чтобы она не мешала. Она так хочет прийти"*, - умоляла мама. *"Если Вы будете присутствовать с ней на занятиях, то без проблем, пусть приходит"*, - сказала я.

Так очаровательная, красивая, хрупкая девочка Катя начала посещать библейские занятия. Она внимательно слушала, не отрывая глаз от доски с фланелеграфом и от "Книги без слов." Катя быстро заучивала песни и запоминала золотые стихи. Преподавать этому смышленому ребенку было сплошным удовольствием. В один из дней мы сделали призыв к покаянию, призывая детей посвятить свою жизнь Христу. Многие дети быстро повскакивали со своих мест и вышли вперед для молитвы. Я с удивлением заметила, что маленькая Катя тоже вышла вперед. *"Ты уверена, что знаешь, зачем ты вышла, Катя?"* - спросила я.

Катя смогла правильно ответить на все вопросы и, похоже, полностью понимала, что делает. Это было удивительное зрелище, когда эта маленькая девочка смиренно склонила голову и попросила Иисуса войти в ее сердце и взять на себя ее грехи. Катя могла с точностью пересказать каждый цвет "Книги без слов":

Золотая страница - Небеса
Черная страница - Грех
Красная страница - Кровь Иисуса
Белая страница - Чистое сердце
Зеленая страница - Духовный рост

Она хорошо знала на память золотые стихи, связанные с каждым цветом. Мне было очень тяжело прощаться с Катей, когда пришло их время уезжать. *"Увидимся на небесах, Катя,* - успокаивала я заплаканного ребенка. - *Не забудь рассказать об Иисусе другим, когда вернешься домой, чтобы они тоже попали на Небеса."*

В санаторий приехала новая группа детей, и начался очередной трехнедельный цикл библейских занятий. Эти дети буквально ничего не знали об Иисусе. После трех недель обучения многие из них посвящали свои жизни Христу, учась делиться своей верой с окружающими. *"Господи, Ты знаешь, желания наших сердец,* - молилась я, - *мы так хотим, чтобы эти дети познали Тебя, приняли Иисуса, а затем рассказали Евангелие своим друзьям и близким дома. Произойдет ли это? Можешь ли Ты дать мне знать,* уверить меня, что они будут распространять Евангелие, уехав домой? Боже, пожалуйста, дай мне знак, что Ты действительно действуешь в их жизни."

Буквально через несколько дней я случайно встретила маму Кати. "Я два дня ехала на поезде, чтобы рассказать Вам о Кате. После того, как мы уехали из Одессы и вернулись домой, Катя постоянно просила меня дай ей "Книгу без слов", желая делиться с окружающими тем, чему она научилась в санатории на библейских занятиях. Всякий раз, когда мы едем в троллейбусе, Катя начинает разговаривать с пассажирами, которые, как ей кажется, охотно ее слушают. Она даже подходит к продавцам в магазинах, объясняя им смысл маленькой книжки, которую она носит с собой повсюду. Удивительно, насколько люди открыты к рассказам девочки."

"Это и есть тот знак, о котором я просила. Теперь я уверена, что если Бог использует маленького четырехлетнего миссионера, чтобы делиться Евангелием Иисуса Христа, то Он будет действовать и в жизни других детей, посещающих наши библейские занятия." -утешилась я. И с этой надеждой мы вернулись к своему служению, с еще большим дерзновением делясь Благой Вестью с окружающими.

ИСТОРИЯ СТО ПЕРВАЯ

СЕЙЧАС ИЛИ НИКОГДА

"Как дни твои, будет умножаться богатство твоё (Второзаконие 33:25)."

Каждый день был наполнен разнообразной деятельностью, связанной с проведением библейских уроков и консультированием пациентов санатория. Бог удивительно действует в сердцах людей, впервые услышавших Евангельскую весть об Иисусе Христе, что меня очень сильно вдохновляет. Многие из принявших Христа как своего личного Спасителя когда-то были убежденными атеистами. Теперь пустота, образовавшаяся вследствие неверия в их душах, наполнилась радостью спасения.

В тот же самый период меня попросили проводить библейские занятия в престижном летнем лагере, в котором отдыхали одаренные и талантливые подростки Украины. Каждые двадцать один день отбиралась новая группа четырехсот старшеклассников, которым выпадала такая высокая честь. Лагерь располагался на берегу Черного моря, и, поскольку отдых был неотъемлемой частью учебной программы, многие подростки мечтали попасть туда.

СЕЙЧАС ИЛИ НИКОГДА

Когда мне предложили проводить пять библейских уроков в день, я почувствовала, что я и мои две помощницы, мы не можем согласится на это предложение, так как наше расписание было и так забито. Понимая, что это была уникальная возможность поделиться истиной о Христе с подростками, приезжающими в лагерь со всей Украины, я обратилась к директору лагеря. *"Может быть, через несколько месяцев, мы могли бы проводить библейские уроки для школьников, приезжающих в лагерь?"* - предложила я директору лагеря. *"Нет, Вы должны согласится на это предложение немедленно. Если Вы откажетесь проводить библейские занятия, мы пригласим другую группу, которая будет преподавать что-то другое. Вы должны решить сейчас. Сейчас или никогда"*, - категорично ответил директор.

Как же болело мое сердце за подростков, которые никогда не слышали Евангелие Иисуса. Это был шанс, уникальный шанс, рассказать библейскую истину подросткам. Я ни за что не хотела упустить эту возможность. *"Мы должны это сделать,* - сказал я своим помощницам. - *Мы должны воспользоваться этой открытой дверью."* Две мои помощницы охотно согласились, и в понедельник утром мы приехали в летний лагерь с учебными материалами в руках, готовые проводить занятия с подростками.

Пять уроков в первый день прошли очень хорошо. Бог благословил нас, чему я была весьма рада. Пришла пора ехать в санаторий *"Господи, мы так устали. Дай нам, пожалуйста, сил выдержать все нагрузки оставшегося дня,"* - молились мы. Вернувшись в санаторий, мы очень удивились, что никто из детей, по обыкновению, не выбежал нас встречать. В холле тоже не было детей. *"Что случилось?* - спросила я у администратора.- *Где все дети?" "А вы что не слышали?* - ответила администратор. - *У правительства закончились деньги, поэтому детей в санатории больше не будет. Этот проект закончен."*

Я была весьма опечалена этой новостью. Бог благословил наше служение в санатории, многие дети и подростки обратились ко Христу. Но была и хорошая новость, Бог открыл другую дверь для служения, сделал это именно в тот день, когда служение в санатории внезапно завершилось.

Что, если бы я не согласилась преподавать библейские уроки в пионерском лагере? Четыре тысячи подростков могли бы и не услышать Евангелие. Скорее всего мы бы вынуждены были упаковать свои чемоданы и вернуться в США, думая о том, что миссия в Одессе завершена. Нам бы отказали в преподавании в летнем лагере, так как это предложение было сделано по принципу "сейчас или никогда."

Нам необходимо было довериться Богу, сделать шаг веры, хотя было сложно представить, как именно мы сможем справиться с нагрузкой. Единственным утешением для нас было Слово Божье, в котором сказано: *"Как дни твои, так и силы твои."* Каждый из нас усвоил для себя ценный урок. Бог никогда не даст нам больше, чем мы можем вынести. В данном случае Он забрал у нас одно служение и дал нам другое. Порой наше расписание заполнено до отказа, но Бог всегда дает время для отдыха. Все, о чем Он просит нас, чтобы мы были готовы воспользоваться моментом. Остальное в Его руках.

БИОГРАФИЯ АВТОРА

В пятнадцать лет юная, преданная Христу Лорин Иттерман молилась Богу: *"Боже, пожалуйста, не дай мне скучной жизни!."* Если проследить ее историю жизни и прочитать ее личные дневники, то можно прийти к выводу, что ее жизнь, преданная Христу, была отнюдь не скучной. Бог из тихой и застенчивой девушки, укрепив ее веру, сделал сильного и целеустремленного учителя, декана и миссионера. На всех этих позициях можно проследить ее смелое свидетельство о Христе. Доктор Иттерманн внесла большой вклад в воспитание детей на стадии раннего школьного образования, выражавшийся в подготовке и воспитании молодого поколения христиан, которые в свою очередь несли Евангелие в недостигнутые регионы мира.

Лорин Иттерманн родилась в Чикаго, штат Иллинойс, 2 сентября 1936 г. в семье благочестивых родителей - доктора Артура и Лилы Флек Иттерманн, став первой из трех дочерей молодой пары. Лорин и две ее сестры, Джослин и Гвендолин, с раннего детства были вовлечены в церковное служение. Их отец, будучи пастором двух разных церквей в штатах Дакота и Айова, всячески поддерживал миссионерское служение. Мама Лорин была верной помощницей отца на протяжении всей их семейной жизни, продлившейся семьдесят три года. Ее отец был членом правления миссии "Тайтус Интернешанал", активно поддерживал служение Лорин. Он прожил сто шесть лет, до самого конца оставаясь верным последователем Христа. Лорин обратилась ко Христу в возрасте семи лет. Ее родители и учитель воскресной школы были для нее первыми примерами подражания в вере. В возрасте девяти лет ее побудили ежедневно читать по десять библейских стихов из Библии, и, как она говорит, всего лишь однажды она пропустила чтение Библии. Этот голод и жажда Слова Божьего стали основой ее жизни и служения.

Лорин с детства хотела стать миссионеркой в Африке. Она говорит в шутку: *"Вместо Африки Бог послал меня в Украину и Молдову."* Оглядываясь назад, она понимает, что детство в северных штатах США подготовило ее к будущей миссионерской деятельности в Украине и Молдове. *"Даже деревья в Молдове и Украине напоминают мне о моем детстве,"* -говорит доктор Иттерман.

Окончив Вестмарский колледж в ЛеМарсе (штат Айова) в 1957 г., Лорин получила степень магистра в области управления в Университете Теннесси в Чаттануге. В то время она преподавала в начальной школе и вела библейские клубы по субботам. Во время работы над докторской диссертацией в Университете Теннесси в Ноксвилле, она руководила студентами, готовившимися стать учителями. Лорин не только защитила докторскую на тему "Иисус -лучший учитель" в светском университете, но и нашла смелость донести библейские истины преподавателями и аспирантами университета.

После защиты докторской диссертации доктор Лорин Иттерманн переехала в Майами, штат Флорида, чтобы преподавать и стать первым директором Мюллеровской христианской академии, школы, основанной доктором Чарльзом Стэнли. Там она проработала восемь лет. В этой христианской школе большой акцент ставился на упование и доверие Богу во всех вопросах. Именно здесь она получила ценные жизненные уроки, всецело доверяясь Богу, что Он обеспечит ее всем необходимым, готовя ее тем самым к будущей миссионерской деятельности.

С 1975 по 1993 г. доктор Иттерманн работала деканом факультета образования в Университете Теннесси Темпл, деканом факультета начальной школы/раннего детства в Университете Либерти и помощником декана по образованию в Колумбийском библейском колледже, ныне известном как Колумбийский международный университет. Исследовательские темы доктора Иттерманн и ее выступления на международном уровне помогли остановить волну движения "Нью Эйдж" в учебных программах государственных школ.

Доктор Иттерман взяла академический отпуск в университете на один год, чтобы обучать детей и молодежь, пострадавших от катастрофы на Чернобыльской АЭС, неся служение в Одессе, Украина. Следующий год вместе с двумя аспирантами Лорин провела в служении, творчески делясь Евангелием с четырьмя тысячами детей и подростков в возрасте от девяти до семнадцати лет. Они раздавали Библии, трактаты и браслеты с Евангелием, чтобы помочь детям и подросткам начать свой духовный путь, поделиться Евангелием со своими друзьями по возвращении домой.

После года служения в одесском санатории "Куяльник" проект был закрыт. Лорин почувствовала, что Бог хочет, чтобы она осталась в Восточной Европе. Она переехала в Тирасполь (Приднестровье). Там она преподавала Библию в государственном университете и государственных школах, а также готовила учителей воскресных школ, поскольку при коммунизме никто до девятнадцати лет не имел права посещать церковь.

В конце того же года служащие КГБ пришли к выводу, что Лорин - американская шпионка, планирующая захватить власть в их стране. Ее допросили и приказали уехать. Бог все предусмотрел. В столице Молдовы, в городе Кишиневе, только-ко открылся библейский колледж. Руководство библейского колледжа обратилось к доктору Иттерманн с просьбой преподавать, готовя учителей воскресной школы. Позже Лорин и ее помощники написали пятьдесят библейских уроков и сопутствующие к ним материалы. Ею также был организован институт подготовки преподавателей воскресной школы, в котором готовили будущих преподавателей воскресных школ.

Заметив, что после окончания библейского колледжа молодые люди, почувствовавшие призвание основывать новые церкви, не имеют финансовой поддержки, вынуждены работать полный рабочий день, чтобы обеспечить свои семьи, Лорин вернулась в США и обратилась к церквям с просьбой оказать финансовую поддержку молодым служителям. Прихожане церквей в США были весьма щедры, готовы помочь молодым служителям.

Сегодня, в свои восемьдесят семь лет, доктор Иттерманн несет служение с национальными лидерами в Молдове, России, Украине, Заполярье, в закрытых странах, где национальная команда пасторов, миссионеров и других штатных работников достигает евреев, мусульман, православных, атеистов, водителей такси, сирот, заключенных, вдов и инвалидов. Мы все безмерно благодарны жертвователям за их щедрость, их пожертвования помогают нести Евангелие с юга до Заполярья, с Восточной Европы до самой Сибири. Да прославится Бог во веки веков. Ему Одному за все Слава.

The Fiery Sword Global Ministries
The Fiery Sword Publications
Lexington, SC 29073

www.thefierysword.com
thefierysword@windstream.net

www.ingramcontent.com/pod-product-compliance
Lightning Source LLC
Chambersburg PA
CBHW050509240426
43673CB00004B/157